金苹果
GOLDEN APPLE

棒棰岛·『金苹果』文艺丛书

高志华

GAO ZHiHUA

滕贞甫　主编

大连出版社
DALIAN PUBLISHING HOUSE

© 滕贞甫 2015

图书在版编目（CIP）数据

高志华 / 滕贞甫主编. —大连：大连出版社，2015.12（2024.8 重印）
（棒棰岛·"金苹果"文艺丛书）
ISBN 978-7-5505-1011-1

Ⅰ. ①高… Ⅱ. ①滕… Ⅲ. ①高志华—生平事迹
Ⅳ. ① K825.72

中国版本图书馆 CIP 数据核字 (2015) 第 301072 号

| 策划编辑：张　波 |
| 责任编辑：金　琦 |
| 装帧设计：蓝瑟传媒（大连）有限公司 |
| 责任校对：彭艳萍 |
| 责任印制：刘正兴 |

出版发行者：大连出版社
　　　地　址：大连市西岗区东北路 161 号
　　　邮　编：116016
　　　电　话：0411-83620573/83620245
　　　传　真：0411-83610391
　　　网　址：http://www.dlmpm.com
　　　邮　箱：dlcbs@dlmpm.com
印　刷　者：三河市双升印务有限公司

幅面尺寸：170mm×230mm
印　　张：10
字　　数：116 千字
出版时间：2015 年 12 月第 1 版
印刷时间：2024 年 8 月第 2 次印刷
书　　号：ISBN 978-7-5505-1011-1
定　　价：68.00 元

版权所有　侵权必究
如有印装质量问题，请与印厂联系调换。电话：15100673332

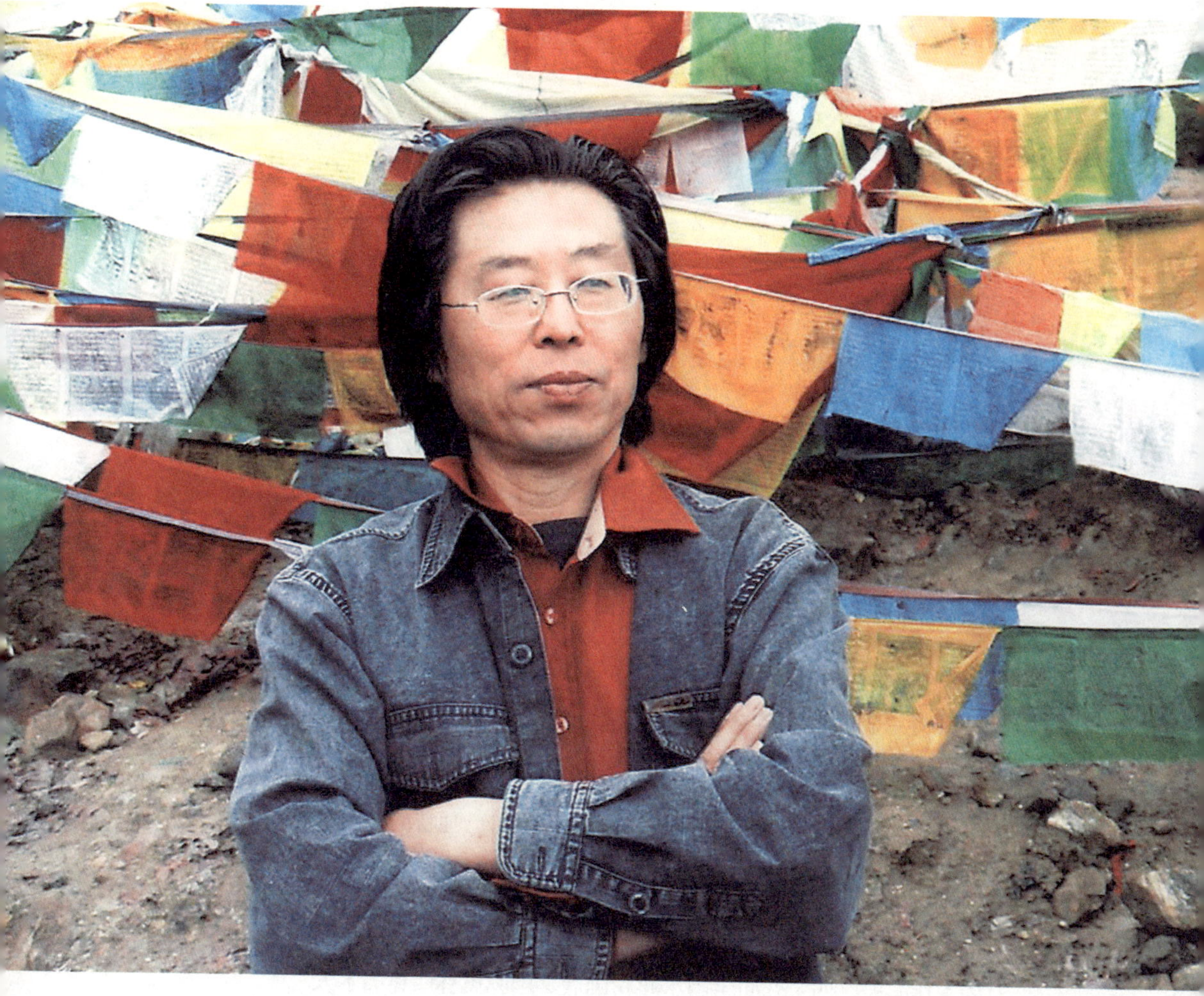

高志华

　　1949年生，辽宁盖州人。中国美术家协会水彩画艺委会委员，国家一级美术师，国家有突出贡献专家，享受国务院特殊津贴，辽宁省美术家协会副主席、水彩画艺委会常务副主任，大连市美术家协会名誉主席。曾荣获大连市政府文艺最高奖"金苹果"奖、辽宁省德艺双馨文艺家称号，是北京奥运会火炬手。

　　几十年来，坚持在东西方艺术之间探寻自己独特的表现语言，涉足油画、国画、年画，近二十年主攻水彩、粉画，成为国内外颇具影响力的画家。数十幅作品入选七至十一届全国美术作品展、四至九届全国水彩粉画展、国际奥林匹克美术大展等国内外重大展览。作品十余次荣获全国美术作品展、画种学术展等金、银、铜、优秀奖，被国内外美术馆收藏机构、国内外元首政要及收藏家收藏。多幅作品入编《中国现代美术全集》《中国水彩画史》，出版《中国当代美术家精品集·高志华专辑》，编著《大连美术家作品集》。

目录 Contents

● **苦乐人生** ·· 001

画痴的自白
　　——我的人生百味 ································ 002
我的故土我的家 ·· 003
向艺术敬礼 ··· 012
《出路》是我的人生出路 ······························ 018
有爱有恨的古城 ·· 022
由而立走进不惑 ·· 036
只为一个承诺 ··· 050
"天路"——新的里程 ································· 067

● **慧眼识珠** ·· 083

深情的观照　心灵的融注
　　——评高志华的艺术心境 ······················· 084
勤耕博采、敢于跨界的探索者
　　——我看高志华的艺术之路 ···················· 090

扬帆破浪正当时 …………………………………… 094

● **春华秋实** …………………………………097

作品展示 …………………………………… 098
艺术年表 …………………………………… 146

苦乐人生

静下来,不知怎的,那些以为已经忘记的记忆却一股脑儿地冒将出来,林林总总,如临当日。回顾过往,一切情绪都变得中庸:好与坏,是与非,爱与恨,泾渭不再分明,犹如陈年老酒,值得品味……

画痴的自白
——我的人生百味

我的第一幅油画代表作题为《酸辣香甜》，现在想来，这何尝不是我们人生的滋味，我的人生路在这个基础上还要加上一个字，那就是"苦"字。"时间都去哪儿了？"这是当下一句时尚的问话，简单的一个问句何以让大众唏嘘泪下、感怀至深？因为它包含的感伤深厚，思绪沉重。岁月如梭，我的时间也呼啸而过，走过花甲，古稀渐近，我需要写一篇自传，提起笔来却茫茫然无处入手。静下来，不知怎的，那些以为已经忘记的记忆却一股脑儿地冒将出来，林林总总，如临当日。回顾过往，一切情绪都变得中庸：好与坏，是与非，爱与恨，泾渭不再分明，犹如陈年老酒，值得品味。

我把自己的人生分为四个阶段：出生、成长、学习的二十年，生活、立志、奋斗的二十年，开拓、探索、收获的二十年，剩下的是完善、守望、保持晚节的二十年。如果苍天还有恩赐，那将会是晚年的偏得。

我的故土我的家

我出生在千山余脉双顶山山脚下的新寨子村,一条时常干枯的小河从村中蜿蜒淌过,河边一排排古柳像苍劲的老手伸向天空,诉说着古村的沧桑。河边小山上,相传有座阎王庙,是官府担心此山为龙脉,为镇山以防不测所建。解放后拆了庙盖了学堂,这里成了沟里三个村落农家子女的求学圣地,成为我们几代人的精神家园。1958年大炼钢铁,古庙那口铁钟在高年级同学整齐的号子声中落地,那声轰响,至今犹在耳边。每天黄昏时分,在缭绕炊烟的簇拥下,在紫灰色远山的映衬中,那四栋橘红色的校舍,是我永远的思念。可惜去年返乡,这样的美景

1943年,有爷爷和奶奶的全家福

被夷为平地。

新寨子的高氏家族是从山东海阳徽村闯关东辗转而来，分住在小河南北两岸，成为村中大姓。我为第十代孙。我爷爷是村中的能工巧匠，会皮匠和面匠手艺，为人忠厚朴实，与世无争，因过于勤奋操劳，再加上体弱多病，方知天命之年就驾鹤西去。我奶奶生于小康人家，父亲在太姥家读了四年私塾。我姥爷家住在东部山区，姥爷是一个有头脑、善经营的庄稼人，日子过得富裕，思想开通，所以在那个年代能让母亲也读了私塾。我父母在当年可算是难得的文化人，我们兄弟姐妹六个都喜好读书，在人生路上都混得不错，这得益于父母对文化的重视，是文化的力量福佑了我们。

父亲十七岁在大连学徒做工，成家后随姥姥一家北上去了吉林，在洮南一家煤炭司房里工作；母亲一边照顾家务，一边办起养鸡房，父母白手起家置办了安居的五间瓦房。在那个动荡年代，父母历经几个大的历史事件，闹胡子、闹老毛子、光复、解放战争。解放战争爆发后，父母随着难民辗转长春等地，在长春被围困之前庆幸地乘瓦罐车逃回了老家。更幸运的是赶上了土地革命，分得了果树和土地。父亲当上了村里的财粮委员。当时，斗地主分浮财，实用物品被大家分抢一空，只剩下几幅卷轴画没人要给了父亲。后来每逢过年，父亲都会选出这些画中的一两幅挂在家里重要的位置。现在我还清楚记得，有画人物的《砍柴翁》，有画山水的四条屏，有画花卉的《猫蝶富贵图》。那幅出自当地文化名人于天池之手的《雪水煮茶天上味》更给我留下了难忘的印象。躬身吹火的童子，双目只是小小的两个黑点，据长辈说，于天池多年赶考不中，以此画讽刺朝廷有眼无珠，因此他成了我小时候崇拜的偶像。只可惜这些曾教化过我的画作统统毁于"破四旧"，令人无限惋惜！

我1949年农历六月初二出生，父母起名"志华"，存"立志中华"之意，这是他们的感恩报国之心，更是他们对我的期望。我一直以与共和国同龄而自豪，感谢父母为我起了这样一个始终让我当成座右铭的名字。我的远房四姥爷是一个画画的，名叫张子园，他送我的出生礼物是一副银麒麟锁，成为我从小到大的最爱，如今仍时常拿在手中把玩，我由衷地佩服他的审美，佩服他能挑选出这样一件特别完美的珍品。我没见过四姥爷作画，只是他留下的几本《芥子园画谱》，给了我不小的影响。

九岁的高志华

我最初的记忆是1951年我家盖新房，记得哥哥姐姐把装油漆的空盒子放在屋檐下，听雨水打击铁盒那叮叮当当的响声。我小时候极听话，很少挨批评，母亲常常当众表扬我。每天饭桌一放，我总是先问"有没有木（木匠）"，没有才肯上桌，因为母亲教育我们有外客时小孩子要等外客吃完才能上桌。从老房到新房要过一片菜地，母亲说我一定是绕着走，爬着过，从不踩一株苗。我在母亲的夸奖声中长大，这是母亲教子的方式，居然和当今流行的"赏识教育"理论不谋而合。父亲对我们的教育是无声身教胜于言教的一类，和母亲的说教式截然不同。平心而论，我的成长受益于母亲的更多。

我家盖的是当年流行的海青房，房子门窗、檐头、石碇、柱角都有彩绘和石刻。记得那位叫张天仁的画匠会做纸车、纸马，还是当地有名的吹鼓手，村里的红白喜事都会有他出现，是当年让我崇拜的另一个人物。他当年为新房彩绘的过程我记得不那么清晰，但渐渐懂事了，这批曾亲眼看着绘制起来的画作，潜移默化地对我产生了十分深远的影响。我一直记得西里屋门斗上那张没画完的风景画，我曾经惦记了很长时间，想什么时候有空把它画完。

五岁那年，我有过死里逃生的经历。我被一起玩的三叔、三哥的突然叫喊声吓得掉入了水坑中，他俩吓跑了，我不知怎么从水坑中爬上岸，也不知在岸边躺了多久。自己醒过来后，人们都说我大难不死，必有后福。

1953年，村里由父亲带头，成立了互助组，起名"新光互助组"。父亲人缘好，有信誉，村中大户小户争相加入。后来村里把三个互助组合并在一起，成立了新光明农业生产合作社，父亲任社主任。合作社办得好，引得十三省参观团前来学习。为了迎接远道而来的客人，村里在大河套唱了三天大戏，来采访的《人民日报》记者为我们几个小朋友在我家房西果园里拍了一张照片，后来听说发表了，只可惜我没有亲眼见到，也没能保存下来这幸福的记忆。当年社里选出了一位女代表去北京开会，精心挑选一些苹果让她带到北京敬献给毛主席。回想起来，儿时的生活充满了阳光和欢乐，我感受到的是生在新中国、长在红旗下的幸福。1958年父亲出任了公社财粮委员，后来任乡政府会计一直到退休。在兄弟姐妹六人中，我长得最像父亲，形象、举止、身材都很像，父亲忠厚、耿直、坦诚、敬业、与人为善的品格令我永生追崇。"文革"时期有人借机迫害父亲，说他藏有枪支，是特务，好在父亲平日的为人让他逃过了被批斗的劫难。果然是多行善事必有善报啊！

家中的大事小事父亲很少过问也很少插手，只是整天在外边忙，推碾子、拉磨、挑水浇园子、喂牲口这些本应男人干的活儿也全由母亲承担下来。队里的活儿不能出去干，母亲就把能在家里完成的挑棉籽、选豆种的活儿揽回来，贴补家用。秋天承包一片棉花地，每天放学，母亲就站在院子里等，见我从村口一露头，就放心地从后门往地里跑，好能赶在天黑前把棉花摘好送到队里。我则跑进家门照顾弟弟妹妹，做饭，喂猪喂鸡。每年秋风初起，母亲天不亮就会起来，赶在别人起床之前把房西果园里的落叶扫成堆、占下位置，等我和三哥放学回来一起回收。那时的柴火可谓稀缺，这些落叶就是我家大半个冬天的柴火。当时哥哥姐姐一起读大学，我读高中，单靠父亲的工资是无法供起这样三个学生的，全靠母亲养鸡养鹅养母猪挣钱补贴。在我们家，只要你想学习，父母便全力支持。如果没有十年"文革"，我和弟弟妹妹都会上大学，想起来很是遗憾。但事情总有两面，如果真这样，我很可能就不会走上美术这条路，因此，对于我这个画痴来说遗憾是减半的。

母亲的针线活儿很好，我从小就看着她刺绣的枕顶、柜蒙儿长大，那时全家九口人的穿戴全都是母亲用手工缝制的。每逢年节、换季，她几宿不睡也要给全家人换上一套新装，就连她大病那年都没有差样。母亲的刺绣除了平日家中公开摆设的几件外，还有一个老箱底：母亲给我们做的花兜兜、给奶奶做的绣花鞋……我常常向母亲申请，每年取出来看上几遍。母亲常背诵那些配色的口诀，什么"红配绿，真美丽"、什么"红配黄，真亮堂"、什么"绿配紫，臭狗屎"等等，这些民间相传的色彩秘诀，是我最早接受的色彩教育。村里有种习俗，出嫁新娘要在结婚当日把自己的刺绣作品全部展示出来，还要选一些赠送亲属，每到这时我总是场场不落，从心里往外地喜欢这些展品，民俗的极致鲜艳，手作的质拙生动，那些图样和色彩深深印在我的脑海里，令我如痴如醉。

辽南的民间民俗艺术丰富多彩，各具特色。每逢立春用朱砂红调豆油在院墙上画十字、画耕犁等图案；二月二在院子里用草木灰画圈画梯子，撒上五谷，祈求风调雨顺、五谷丰登。这些原始图腾的绘制，随着我的长大逐渐由我代笔。母亲每逢二月二都要用各种材料"穿龙尾"，做出鲤鱼卧莲、蜜蜂赶菊、凤戏牡丹等花色图案，还有《三娘教子》等戏曲中的人物，每七个穿成一串，加上龙头、龙尾挂在房梁上。这些美丽的物件五彩缤纷，随风摇摆，很是好看。端午节她又用布角做看门猴、各种生肖，还有辟邪桃子、五毒、小笤帚、香包等，悬挂在房屋各处，佩戴在我们小孩的身上。我特别喜欢每年端午节母亲为几位奶奶必做的金鱼头花，至今我还珍藏着母亲七十五岁时给全家做的端午祈福挂件，虽然她那时的手工已经没有以前精致，但因为倾注着母亲对我们的爱，它们在我眼中仍然是至美！这一系列的民俗活动最开始我只是忠诚的看客，到后来成为帮手，再后来成为主角，扎风筝、做灯笼我都是高手，很是乐在其中。那时的年节真是有模有样，现在回想起来，我们小时候受到的美术教育要比今天来得更淳朴、更传统、更丰富、更本质，也更潜移默化、如影随形。那些大俗大雅的年节色彩满布在眼前、身边，招摇在你生活的每个角

1997年，亲手制作的彩灯

落，让你深深地感受节日的喜悦、丰收的满足以及对新生活的向往和期盼。那时候，我尚不知晓，自己是怎样幸福地生活在原始而纯正的艺术氛围里，不知不觉地汲取着艺术的养分，这些都是我未来美术道路上最珍贵的基底，多少年后仍不断让我焕发灵感，伴我左右！

高氏家族一直延续着一种习俗，那就是大年三十午夜接了神拜了祖之后，河南河北几十户人家要大拜年。我的辈分小，因此拜个不停，头磕得最多，有时会得到小红包和吃食。我对这些不感兴趣，我所关注的是谁家今年新贴的年画好，记下来改日再来看，有时候真的会来回看上几遍。杭稚英、金梅生、金雪尘、李慕白、沈家琳等名家的作品早已装满了我的记忆。

1968年，全家福

　　小人书是我们那个时代的另一种教科书，是我学画的又一门"课程"。我时常临摹，曾把一幅李平凡的木刻儿童人物版画改画成三十几个姿势，装成一册，这应算作我的第一次创作吧。

　　我的大哥是村里第一批大学生，他初升高没考上，当上了乡里的民办中学校长，后来埋头学习重新考高中，再考上大学。大哥除继承父亲的优点外，又多了一些浩然正气，他那种"宁让别人负我，不让我负别人"和永不服输的劲儿影响着我们。大哥为我们四兄弟定下戒律：谁敢学吸烟，就不准进家门！我们这辈和我们的下两辈都恪守着这一戒律，至今我们家五辈人无一吸烟。大哥比我长十岁，他对我学画最关心，为此凡与画有关联的地方他都很留心。最早他从同学那里为我弄到一幅水墨《喜鹊登梅图》，这是我见到的第一幅身边人的画作。他每次出门回来都给我买各种书，最早的那本动物图集，我不知道临摹了多少遍，再后来给我买了宣纸、油烟墨、大白云笔等高档画材，以及费新我的《怎样画铅笔画》、曹克家的《怎样画猫》等书籍，让我这个山村孩子很早接受了最好的艺术熏陶。大哥英年早逝，我失去精神偶像，伤怀至今。我一直用不懈的奋斗来感恩大哥对我的支持与关爱，用在美术路上的小成来告慰大哥在天之灵。

我出生的老屋前有棵特别大的柳树，是村西四棵大柳树中最大的一棵，是我的二爷爷十七岁时栽下的，至今已有百年树龄，目前已经老态龙钟，只剩下几枝残枝，但依然苍劲无比。我小时候它正当壮年，枝繁叶茂，树冠犹如一柄大伞遮天蔽日，最大直径有四十米。这是我心中永远的圣柳、儿时的乐园。清明时节，我们折下刚刚返青的柳枝，盘成一个个圈，做成柳树狗挂在自家门上，迎接春天的到来；端午时节，我们把粗粗的井绳拴在粗壮的枝干上，穿着雨衣，嘴里吃着甜甜的黄杏荡秋千；中秋时节，我们会在夜幕初降时听成百上千只鸟聚会吟唱；元宵时节，我戴着自己做的道具官帽子大头人，坐在独杆轿上，指手画脚走街串户，指挥手下的"官差"视察灯火；雨后，我会用浸湿的黄泥做成羊群、马群，柳树下是我的牧场。这棵大柳树在十里八乡很有名气，成了我们家的地标——新寨子大柳树老高家。

大柳树下俨然是南北文化的交融集散地，耍猴的、卖艺的、拉洋片的、唱皮影戏的、锔盆锔碗锔大缸的、木匠、铁匠、染匠、货郎都会在这里出现，人们在此放电影、看中央农村文化工作队精彩演出，村中的大事小情都在这里传播。1958年村里成立大食堂，柳树附近的二十几间房子成了村中的经济文化中心，几十户人家在这里一起用餐，当时真有种已经步入共产主义的感觉。门前乡路上建起了精美的彩绘过街碑楼，墙上画有壁画，充满英雄豪气，那幅《喝令三山五岳开道，我来了！》令人至今记忆犹新。本家大叔画画的时候，我紧随其后，帮他端色送笔，成为帮手，这是我学画的又一段经历。

我很幸运，童年时代一直沉浸在丰富多彩的浓郁的民间文化氛围中，让我汲取了丰厚的民间文化滋养，正是这样的"开口奶"，奠定了我艺术道路上的扎实根基。感恩故土，感恩我生在这样一个家庭。

向艺术敬礼

1956年，我七岁，与邻里几个同龄伙伴一起上学，其中有与我同用"华"字为名的吕景华，我们被村里称为"二华"。从上学那天起，我们就受到老师的关注和重视，后来分别成为少先队正、副大队长。我们一起考上初中，考上高中，"文革"后他当兵去了，彼此再也没有见过。每天我们迎着太阳上学，又看着日落回家，春天行走在古柳成荫的路上听鸟吟唱，夏天时常赤着脚蹚过那条时而清澈、时而浑浊的小河，秋天绕路穿行在硕果累累的果园，用木杆寻找被喜鹊啄过的又甜又脆的苹果，冬天顶着冒烟大雪从高高的雪岭上滚过。教室黑板上方毛主席像两边"我为人人，人人为我"的红色标语，是我们信奉的真理。"总路线"、"大跃进"、人民公社化相继出台，如火如荼的深翻地、大炼钢铁，新中国成立后没有哪一代人比我们这一代经历过更多的大事件、大变革。三年困难时期，那忍饥挨饿的日子永生难忘，为吃一顿腊八饭我哭过，为能吃上一个煎鸡蛋，我装肚子疼骗过母亲。1962年困难时期，我在生产队猪圈棚上发现晒干的地瓜秧上有剩下的瓜蒂，便一个个摘下来拿回家磨成面做成饼，我们舍不得吃，留给年迈的奶奶。那场灾难，奶奶最终没有熬过去，满身浮肿地离开了我们。

我们是拥有非凡革命信心和沐浴在新中国阳光下的一代，也是历经百般磨难的一代，是最有生活经历和时代感悟的一代，之后的任何一代人都不会像我们这样拥有这么深厚的生活经历、政治经历、成长经历，这一切的累积，奠定了我们这一代美术人的艺术基调，深沉隽永、乡情浓稠，即便是以苦涩讽刺为表，剔除外部装饰后，骨子里仍然是刨不去的对生命和生活的深深的爱。

小学六年，我每天都迎着太阳爬那座小山，常常用手挡在眼前边走边看太阳，手在光线中变得血红，好像能看到在流淌的鲜血。有时也会从手指缝中直接看太阳，惊奇地发现眼前呈现一会儿红一会儿绿的光斑，学画后我才知道这就是视觉残像，是色彩的补色原理。少年时期的记忆是火红的，我虽常常风趣地把自己的身材长不高长不壮归咎于"二两半"，但经历过童年这段喜悲参半的岁月，我长大了，多了一份鼓足干劲、力争上游的信念。

1962年，我考入初中时个头不到一米四，班级选班干部没我什么事，连美术课代表也是别人，我当然不服气。几个月后，由于哥哥姐姐学俄语，耳濡目染，我早早背会了字母表，学习了一些常用语，卷舌音也发得比较好，所以俄语课代表的位置非我莫属。初一的班主任吕素文老师第一年任教，她长得漂亮，人很和善，后来才知道，她是我同道好友宋明远的爱人，难怪当年她对班级的美化十分讲究，这可能是她对美术的特殊情感所致吧。元旦，她买来彩纸，我按她的指令用一下午时间扎了一个漂亮的宫灯，灯的六面都有画，挂在教室中央，同学们围坐联欢，赢得了全校的头彩。

初中，我们的美术老师都不是科班出身。第一任沙老师，新年时给我们每一个同学画了一张书签贺卡。初一那年春节，轮到我护校，正巧于广海老师在办公室舞文弄墨，在宣纸上画虾、螃蟹、青蛙、桃子、菊花，水墨的奇妙变化、于老师潇洒果断地落笔时那种潇洒得意的神色让我久久难忘。这一天我的收获太大了，对我来说，这是一次心灵的震撼。后来我去盖州工作时又见到了这位一直崇拜的老师，他已成了著名的摄影家。

第三任老师，就是我的美术启蒙老师朱艺斌先生，他一心想考鲁美，但被体院提前录取，毕业后任县排球队教练，为家庭团聚与于老师调换来到了九寨中学。在他的主持下，学校成立了美术小组，通过考试，我成了他的学生。当时考的是素描《罗马男孩》，那是我第一次见到石膏像，当然也是第一次画素描。我的历史老师董世盼先生也爱好美术，他评价我那张素描卷画得好，也是他在我考附中前给了我不少的指教和鼓励。

进入美术小组，我如饥似渴地画，因此得到老师的关照。初二的秋天，朱老师画了两张校园水彩写生，深秋逆光下金黄色棠杞树和歪歪扭扭的木制篮球架在白云下构成美丽的画面。它带给我的视觉触动无比深刻，是让我感动至今的作品，在我的心中绝不逊色于印象派大师的名作。

1964年，中央农村文化工作队来到我们村，名家大腕儿为我们这个小小的山村营造出了浓郁的文化氛围。村中办起了各种文艺班，我本家三叔参加了美术组，看他们学素描、画色彩，我非常羡慕，只可惜上学没法儿参加。偶尔放学回家，遇到人民美术出版社的刘凯老师画风景写生，我都会蹲在一边看上半天，深深沉迷其中。工作队经常组织演出，这让我们大开眼界，在那样的年代，能欣赏到一流名家的表演，这是我们村的幸运。这种文化传播，在现在可能算不得什么，可在当年是件了不起的大事。这种文化的烙印至今影响着我，影响着村里人。

那个时代，上级干部和工作队来村里都要吃百家饭，我们叫"派饭"。有一天，中央农村文化工作队的晚饭派到我家，母亲是个非常好客的人，按照标准竭尽全力做了一桌丰盛的晚餐。十几个人围坐在炕上，其中还有一位文化部的领导。我哪里见过这种阵势，走进家门，不知所措，硬着头皮红着脸，索性向围坐的北京客人深施九十度大礼，众人于是赞不绝口。这一躬为母亲赢得了教子有方的赞誉，这一躬也算是我崇敬艺术的拜师大礼吧！

我初中学习成绩一直优秀，初二时又赢得了班级学习委员的职位，权力虽不如团支部书记和班长那么大，但在班里的威信、人缘都不错，在优秀毕业生评选中，我获得了全班的最高票。那时的文化课学习对我而言很轻松，每天课下时间，我大多泡在画室里如痴如醉地画画。初三临考，在朱老师的鼓动下，我没和父母商量，没和班主任打招呼，自作主张地报考了鲁迅美术学院附中。现在回想起来，十六岁的我怎么这么有主意？那时的父母很放手，没有像现在的父母为孩子包揽一切，反倒成就了无所不能的我们，所以我常说不是现在的孩子长不大，而是现在的父母不让孩子长大！

精心准备了报考作品寄去沈阳，十几天后我收到了鲁美的准考证。班主任沙宪昌老师发现后把我叫到办公室。他是学校的优秀教师，正直、严厉、教学有方、管理有道，班级平时和升学的成绩是全校最好的，平日他对我很好，可那天却一脸严肃，我第一次领略了犯错受审的感觉。一个多小时的说教，充满了师爱、父爱，他从高考讲到人生，替我规划了前程，主题是"学会数理化，走遍全天下"，忽而苦口婆心，忽而坚定严肃，从大道理讲到小道理，可我就是听不进去，因为他忽略了我的爱好、我的感情。那时我对人生、前程没有更多考虑，心中只有一种爱好的驱使，所以那样执着，那样顽固不化。老师真的生气了，把准考证扔出了窗外，我向他深施一礼，走出办公室拾起准考证又走进画室。二十二年后，沙老师与我相聚古城，忆起当年，老师为我的执着、坚守和取得的成绩感到欣慰。我感谢我的老师，因为他那天给我讲的人生道理让我终身受益，那是胜于父兄的真爱。

因为姐姐在大连日语专科学校读书，我选择了大连考场。母亲准备了丰盛的早餐为我送行，所谓丰盛只不过是园里新摘的角瓜加笨鸡蛋和腌猪肉做成的锅贴，但那可口的味道，至今没有任何美味可以取代。姐姐安排我住在学校男生宿舍，日本外教听说我来考鲁美附中，晚上好奇地赶来宿舍看我，她是我见到的第一个外国人。美术考场设在劳动公园对面的青泥洼桥小学红楼里，考素描写生和命题创作，考题是《最有意义的一件事》。我用铅笔淡彩画了一家三代人忆苦思甜，题为《灯下忆深仇》。第二天，我早早赶到站前群众艺术馆门前看榜，榜上有名，又在艺术馆黑黑的教室里参加了文化课考试。说来也巧，考试结束，大哥刚好大学实习来到大连，我和哥哥、姐姐在大连火车站前合影留念。这次考试开启了很多个我人生中的"第一次"：第一次乘火车独自远行、第一次来到城市、第一次见到楼房、第一次乘公共汽车和有轨电车、第一次睡在集体宿舍的二层铺上、第一次见到外国人……

1965年，考鲁美附中，和哥哥、姐姐在大连合影

回到学校，离升学考试只剩下十几天，沙老师又把我叫到办公室，这次没有严肃，全都是安抚鼓励的话："你是班级学习委员，凭你的老底，一定行。全面复习已经来不及了，我帮你押几道作文题，好好准备！"带着老师给我的自信，我走进了考场。中考没过几天，鲁美附中落榜退件寄到了学校，拿着被退回的满怀希望精心绘制的报考作品，我真的害怕了！自己的选择应验了老师的预言，初升高的结果会不会也应验他的预言呢？我不敢想下去……

等待发榜的日子真是难熬,我们"二华"整天泡在村西水塘里,帮家里放鹅、放鸭子,借此打发时间。一天中午,在满树青苹果的果园林间小路上,老师出现了,他在逆光中微笑着向我们走来。我心里很是没底,不敢直面老师。迟疑中老师摸着我们的头,向我们祝贺,递过来入学通知书,我这才相信是真的!

《出路》是我的人生出路

靠老师的鼓励,靠当学习委员的老底,我成为班级四个考上高中的学生之一,从此叫停了学画梦,按老师的规划开始走"学会数理化,走遍全天下"的路,立志成为我们家第三个大学生。高中的班主任是化学老师,他交给我一个任务——制作一副"化学扑克",课下他让我们玩化学元素做成的扑克牌,比赛谁用扑克牌组成化学方程式的速度最快。当时刘英俊的英雄事迹见报,我按捺不住动手绘制了幻灯片,参加学校的宣传活动。

"文革"在这个时候突然来袭,我们被全部卷入其中。大字报、大批判、大串联,我们进入狂热状态。大批判专栏成为两派唇枪舌剑的阵地,有美术特长的我因此成了两派的"抢手货",最终,我成了红色造反兵团《红战报》的美编。那时许多小报用蜡纸钢板刻印,我研制了一套刻印图案的工具,每逢"最高指示"发表,我都会设计好报头并刻印,接下来由刻字的人刻字,负责印刷的印刷,连夜张贴在大街小巷。有时候真感慨时势弄人，学画梦被落榜喝止，本想坚定地走数理化的路，"文革"却让这个梦想成为泡影，又阴差阳错地让我重新拾起美术这个爱好。"文革"升级，文斗变成武斗，学校变成了废墟，连我们的衣物都被洗劫一空。我在转战中途被遣散回家，后来又在"复课闹革命"的口号中重新回到学校。两派明争暗斗，我依然刻印改名后的《高中风雷报》，并为我们高中"老三届"同学设计了统一的高中毕业证书。

1968年8月10日，熊岳高中"老三届"同学集合在小小的熊岳火车站，北行的列车在一片哭泣声中被无数双难舍难分的手阻止着。同学们都非常清楚，无论还乡还是下乡，这次的分手都意味着我们从此被断送了前程！大家为友情而哭，为前程而哭，为人生而哭！

作为还乡青年，我要比下乡的同学幸运得多，生活在父母的身边，农活儿还干得来，只是身单力薄，有的活计难以承受。记得跟大车进城送棉花，我扛着沉重的大棉花包上跳板，连人带包一起滚了下来，幸好没有受伤。冬天，村里调我搞"三忠于"宣传，我又用上了画画这一技之长，为村里每家每户画《大海航行靠舵手》。初春栽种、夏天蹚地、秋季收割庄稼，我成了地地道道的庄稼人。后来队里派我学编筐，比我小的堂叔和堂弟成为我的师傅，我用心看了一上午，下午动手编了一个，第二天和他们一样我又编了六个，最终，全部合格，挣到了队里劳动力的最高工分——十二分，于是我又成了一个地地道道的编筐匠。

1969年，我迎来人生的又一次转折，还是因为美术特长。那一年，营口师范第一次招生，每个乡六个名额，其中文艺班的名额降临到了我的头上。这个突如其来的机会，又一次点燃了我希望的火焰。记得当时有位村干部赶去乡里为其亲戚争夺这个名额，被大队书记拦下，他说这个名额非高志华莫属。我至今感恩这位书记，是他守护住了我人生的决定性机遇，一言之间，言前我是地道的庄稼人，言后我凭借这次转折再次走上艺术道路，并越走越勇，始终坚守。

营口师范这次招生是为了解决中学教师紧缺的问题，学制只有一年。我们文艺班以音乐课为主，美术课极少。见此，我发动了班里的美术生与学校谈判，获准开办了美术班，我成了学校美术班的创始人。老师很少给我们上课，我带领六个同学，成天拼命地画。临毕业时，一位叫李连发的老师从鲁美附中毕业回来，为我们上了几堂课。毕业实习，我被分在营口八中，平时除了上课，我就用画笔为学校绘制毛主席像，还画了好多宣传画，把整个八中校园装饰一新。学校毕业典礼，我代表文体连在大会上发言。

学校决定第二年成立美术专业，连长马连顺老师通知我可以留校当老师，明确告诉我还有另一名同学在争取这个名额，但学校决定只留我。突如其来的好事让我始料不及，而我居然拒绝了！我一直想不通、搞不清为什么当年选择拒绝这样一个千载难逢的机遇，为什么市级中专教师不当，偏要回到农村乡级中学。二十年后见到马老师，他还问我为什么，我只能说：只有一种解释，就是脑袋进水了！1970年12月，我回到九寨，被乡文化站抽调办批判走资派展览。展览即将结束时，乡宣传委员要我替文化站美工去盖州参加美术创作会，在这次会上，我见到了盖州美术界的名人，坐在旁边听他们高谈阔论，受益匪浅。第二天顶着漫天大雪去营口参观画展，这是我第一次看画展，收获自然更多。

按会议精神，我创作了宣传画《农业的出路在于机械化》（简称《出路》），这幅画的草图被熊岳文化馆下乡巡察的鲜成祥老师发现，他通知我去鞍山参加辽宁省创作草图观摩会。在那里，我见到了辽宁省的美术大家，听到他们对每一幅草图的评价，几百幅作品让我大开眼界。在他们对我的作品评价中，我找到了自信和修改的方向，这是我初入此道的重要一课。会议中我结识了北京特派员、人民美术出版社编辑闫大方先生，因谈起中央农村文化工作队，谈起刘凯先生，所以彼此格外亲切。与会众人中我的年龄最小，得到了他的特殊关照。我们一路进鞍钢参观，他一路给我讲艺术、讲人生、讲创作。几年后我曾去北京拜访他，也想拜访刘凯先生，只可惜他们外出没有见到。能够在那个时期、那个境遇下结识他们，并聆听教诲，是我学画过程中的一次宝贵的经历。

学习的收获、眼界的开阔，使我很顺利地完成了《出路》的正稿创作。我托乡

《农业的出路在于机械化》草图

1971年，创作救火英雄事迹展开篇作品

里的劳动模范把它捎去县城，便回学校上课去了。有一天，县宣传组通知我4月10日到县文化馆报到，参加宣传救火英雄事迹展览。这个突如其来的机会让我很是惊喜，对美术的热忱让我很用心地投入其中。很快，我就成为当时抽调的二十几名美工中的主力队员，担任起整体版面设计、第一部分图片创作的工作。

就这样，一次代人开会的无意之举，成了我艺术生涯中的关键机遇。它让我创作了一幅"不怎么样"的作品，又参加了省级美术高级会议，又因为它被抽调入文化馆这个当年人人艳羡的单位。我为自己因一幅作品修正了人生的一次重大失误而庆幸！一幅《出路》真的成了我的人生出路。

有爱有恨的古城

展览结束，抽调的二十几位美工都相继返回原单位，唯有我被留下来准备办理正式调转手续。但因为我曾是教师身份，政策严格规定教师必须归队，所以聘干不成，调转也不成。僵持了近两年时间，几经周折，几番努力，我终于调入了文化馆。

从1973年开始，美术界大兴写生之风，我也经常约熊岳文化馆的鲜成祥老师和申玲的爸爸申家堡老师下乡写生。青年点的领导给每一个下乡青年记工，为我们做模特。那时候人很朴实，路上遇到形象好的人他都会坐下来让你画，不需要任何报酬，只需一句"谢谢"。我的学画过程走了一个怪圈，没有基本功就开始搞创作，没画过静物石膏就直接画风景写生、人物写生。我抓紧一切可以利用的时间，在辅导他人的同时，如饥似渴地完善自我。

我所工作的文化馆是全国先进馆，实力雄厚，业务水平很高，年轻人多，充满活力。到了谈婚论嫁的时候，我是馆里唯一的单身小伙，因而备受关注，我的婚事成了年长的同事们的操心事，而我本人心里只有画画这件事，并没他们那么着急。

1973年深秋，创作组王德明老师深入九寨硅石矿创作《炉火颂》剧本，回馆后向我提起了一位能歌善舞、能书会画、心地善

延安写生 1978年　　　　　青岛写生 1982年

良的叫朱桂徽的姑娘。王老师的语言表达魔力是无法抗拒的，光听他的描述，我就已经有一种没见却钟情的感觉了，很想见到这位姑娘。当时恰逢全县文艺队会演，大家会意地安排我看管剧场后门。演出开始前，各文艺队从后门相继入场，在朦胧的灯光下，我见到这位梦寐以求的姑娘，旁听到她和其他演员的几句话语，感觉出她纯真爽朗的个性。那天我站在边幕旁，近距离看了她们的舞蹈《养猪姑娘》，舞蹈很精彩。这是我们第一次相见。

她是硅石矿文工团的主要演员，报幕、独唱、领唱、舞蹈表演项项都有她，打球、办板报、播音样样她都行。作为当年的民兵，她甚至还荣获过辽宁省优秀射手的称号。她儿时同样酷爱绘画，中学时拜县评剧团罗士伦先生为师学画，论基本功，她的造型能力要强我很多。鲁美附中那年采取推荐与选拔相结合的方式招生，她名列其中，但"文革"的爆发使她最终无缘美术梦。

初春的一个周日，王德明老师设了一个局，安排她来文化馆看我的画，我特意将《姐姐又得一百分》的作品草图拿到办公室，一边画一边等她到来。她如期而至，我却手忙脚乱忘了让她看画的事，愣是杵着堵在门口和她对答了两句话，她就匆匆离开了。别说没看到画，逆光中她连我都没看清。精心的安排就这样让我弄砸了。没过几天，创作组的王化基老师约我去他家，安排我们正式见面，我们的第一次正式交谈十分尴尬，时间不长，话语也不多。初春的又一天，我和创作组的几位同事下乡到熊岳，一起打赌去登望儿山，下山后我独自留下来写生，没等画完，一位同事就蹬着自行车匆匆返回，告诉我她来了，说这次机会是

《炉火颂》剧组四位主创人员集体的创意。那天我带着她在镇政府食堂吃晚餐，第二天早晨送她到火车站。我把那天的写生作品送给她，彼此交换了照片，我们的恋爱开始了。当时一位工宣队的李师傅回硅石矿办事，硬是把她从山上"骗"回盖州，不巧那天我下乡去熊岳，还没来得及安排住宿就被电话催着往回赶和她见面。我和她的同学、同事都为我们的婚事操心尽力，不断为我们制造这种戏剧性的见面机会，因此我们相识相爱有多少媒人真的搞不清，但有一点是肯定的，那就是画，是"画为媒"，是共同的爱好、共同的追求让我们走到一起，让我们相爱结婚、生儿育女。婚后她放弃了对画的挚爱，把所有的爱和时间给了我，用瘦弱的身体和坚强的意志支撑起我们的家，支撑起我的事业。

盖州的母亲河——大清河上游石门水库续建，我被抽调到会战宣传组，那千军万马、人推肩扛的场面今日只有在影片中才会见到。面对艰苦的生活、恶劣的条件、繁重的劳动，人们精神不减，斗志不减，总指挥亲身垂范，累到睡在工地上。这一幕幕现在的年轻人肯定会说不是真的，但它的的确确是我亲眼所见。那个时代"人心齐，泰山移"的气概现在想想怕是很难重现，我无法评价那种时代精神是否适应当代，是否应当提倡和发扬，但我的意志在那样的火红时代得到了最好的锤炼，这是不争的事实。我画了很多写生，拍了很多照片，积累了大量的创作素材。

1974年，我们选择国庆日在老家举办婚礼。同事、朋友、乡亲父老为我们祝福，场面热烈、淳朴，充满浓浓的乡情。没有更多的海誓山盟，没有彩礼，没有嫁妆，妻子过门，母亲只送给她一双红色的袜子。如果时光可以逆转，我不会这样怠慢我的爱人，可当时那个年代情况确实如此，大家思想淳朴，没有过多的物质需求，但都对新生活抱着炽热的希望，充满激情，充满信心。

那时的新婚没有蜜月之说，"十一"过后我又回到了工地。11月的一天，我去工地写生，初阳驱散了工地的寒气，呈现一片暖意，然而，画没画完便狂风四起，整个工地被尘烟吞没。我收拾画具狼狈地逃回营地，惊喜地发现我的爱人风尘仆仆地背着黄军包站在我面前，她一大早起床赶了几十里路来到工地，送来亲手为我打的毛衣。我很感激，也很心疼。工地的条件很差，连口开水都找不到给她喝，连个说话的地方都没有，我好不容易找了辆回城的解放大卡车，在尘烟飞扬的路上目送她远去。这就是那个时代我们执着纯真的爱情故事。

婚后，我们面临的最大的问题就是没有住房，图书馆馆长办公室里面的半间宿舍，成了我们婚后的第一个住所。白天人家办公，要等到下班后我俩才能进住，又要早起赶在上班前恢复原状离开。即便是这样的日子也好景不长。1975年1月，时值辽南地震，预警使人们提心吊胆、惶恐不安。一天深夜，突如其来的敲门声把我俩惊醒，来的是我们文化馆的书记，他在对面宿舍刚刚打完扑克，就来通知我们马上把房子还给图书馆馆长，好让他们躲避地震。

当时，图书馆馆长住的是我们文化馆的房子，我曾向文化馆领导申请过图书馆馆长住房旁边的剩余空房。那个房子很旧，但当时房产所所长答应我，如果单位同意我住进这栋房子，会立即安排大修。当然，这位书记没有批准我的申请，如今，他又半夜跑来扮演了这么一个可憎的角色！当时妻子已有三个月的身孕，素来要强的她愤怒地起身，含泪打点行装，连夜搬回厂职工宿舍。由于夜里遇寒，第二天她便高烧到三十九度。我用平板车将她送到县医院，那时的医疗水平不敢恭维，加之我俩对医学的无知、对糊涂医嘱的盲从，在孕期又是打针又是X光透视，浑然不知这样会危害到胎儿，就这样酿成了我们家的终身灾难。至今想起来我都深深悔恨，我也无法原谅这个夜半不速之客！

不久，真的地震了。辽南大地震在当时造成的破坏力是很大的，我们曾经借住的图书馆办公室损坏严重，还伤了人。我们聚在院子里大树下点燃篝火盼望天明，第二天自己动手搭建了防震棚。接下来我们的小棚被扒掉，建起了集体大棚，我和妻子分到小小的一条，除了放一张床，想多放一个水缸都放不下。棚子只有薄薄一层三合板，怎能经受住严冬的考验？我们只有靠相互的体温取暖度过一个个漫长的夜。这样熬到6月，爱人即将临产，为了尽可能地让她住得舒服一些，我在小棚前后拓展了一点点面积，重新搭建了一下。我心爱的女儿呱呱落地，第一声哭泣就响在这个小小的防震棚中。防震棚板壁薄，不挡严寒，自然也不敌酷暑，尽管我在上面又加了几层展板，也无法改善一点儿棚中暴热的境况。妻子就在这样极其恶劣的条件下度过了原本就难熬的月子，尽管她没有半句抱怨，依旧乐观，我的心里却真是心疼、愧疚、焦急、无奈，五味杂陈。

初为父母是多么高兴的事情，等待我们的却是沉重的压力。女儿一出生就被发现后背异常，四十天后我们赶去沈阳医大求医问诊，当女儿被诊断为先天性腰脊膜膨出症时，我和妻子几乎崩溃了。我们从此走上了漫长而艰难的求医路。女儿六个月，我们带着她去北京、南京、上海求医。当时我俩真是贫穷，连路费也拿不出，爱人就申请为厂里因工断掉双手需要到这三地治疗的工友做护工，只为可以免去路费。生病的人脾气难免暴躁，爱人忍气吞声，默默忍受着，我看在眼里急在心上，却也无能为力。在南京的姐姐托人替女儿安排了一次专家会诊，可工友却毫不通融急着赶赴上海，最后只好由爱人陪她先行，我自己带着女儿留在南京。对于尚在吃奶的婴儿，母子分离是怎样的一种滋味？等我带着女儿赶到上海，妻子因担忧上火一滴奶都没有了。12月的上海，屋内冰冷刺骨，是我们北方人无法忍受的阴冷，女儿又冷又饿，撕心裂肺的哭声穿透一道道墙壁，像无数把尖刀刺痛我的心。当年的医疗水平实在有限，我们走遍各大医院，都没有更好的治疗方法。1976年春，我们又一次计划外出求医，却接到姐姐的信说时局不稳，不宜远行，于是只好放弃了行程。那之后发生的就是"四五"事件。

不久，单位基建盖楼，拆除了我们的小棚，让我们搬进瓦房。我和爱人欣喜若狂，立即动手把房子粉刷一新，就连泥土地面也学着家中长辈的手艺，用木板重新夯平。这个时候，一件对别人是福、对我是祸的"美差"降到了我头上：工宣队通知我去盖州东部大山区旺兴仁乡参加八个月的"斗批改"。我迟疑不决，去征求好友的意见，却因为他们的提示让我失去了拒绝的勇气。知道这个消息后，妻子没有说半句阻拦的话，她一直都是这样，用默默的承担来支持我的工作，尽管在那么恶劣的条件下，她明知道等待自己的是多么艰难的担子，要独立照顾孩子、照顾家庭，但她却不会拖我一点点后腿。就这样我听了邓小平1973年复出后的第一次讲话录音，乘着大解放进驻了王堡村。我和妻子分居两地，相互牵挂的日子实在煎熬，我时常高烧不退，卧床不起。

没多久，我们打造的那间小屋又一次影响了基建，我们的家当塞到了半间办公室里。基建修管道，长长的走廊全部掏空，也毁掉了院内的水井、厕所，妻子不得不每天跑到二三百米外的马路对面去挑水，每天用炉子生火做饭，上厕所还要走过那些摇摇摆摆的跳板。她一个人带着孩子，洗衣做饭毫无帮手。一次，她把女儿放在炕上，用枕头、被子圈了又圈，才跑出去挑水，接好水后又匆匆忙忙地往回赶。走进走廊，一股刺鼻的烧焦味扑面而来，妻子吓得魂不守舍，勉强扶着墙走进屋门，看到女儿没事，只是把玩具小鹿扔到火炉卜烧焦了，妻子抱着女儿大哭一场！从此她再也不敢留孩子独自在家，白天要上班，就送到托儿所；晚上到马路边水井旁洗衣服，就把女儿带上放在一边的墙脚，顾不得孩子大声哭泣，抓紧时间赶紧洗完。对于一个母亲来说，耳听孩子的哭声却无能为力是多么摧心挖肺的折磨啊！回想起来，我常常深深地责怪自己，为什么在妻女最需要我的时候不守护在她们的身边。对于妻女，这是我一生也弥补不了的缺憾！妻子特别孝敬我的父母，在当时那么艰难的独自苦撑的处境下，她得知我老家父母需要人手后，竟带着女儿回到老家，去帮母亲喂猪喂鸡干农活儿。对于这样的妻子，我永远都怀有无法弥补的歉疚。

从结婚开始，我们一直过着流离失所的生活，在约一千平方米的文化馆小院里搬了七次家。半间办公室实在没办法过日子，我们选择搬进一个残存的防震棚。这里地势低洼，一场暴雨使整个院子的水都涌进小棚。爱人一个人在家，吓得哭着把女儿放在吊起的蚊帐兜里。为了度过严冬，"十一"的时候我们请亲属帮忙为防震棚做了保温，妻子从印刷厂弄来一车废弃的包装用的防潮纸代替油毡纸，给棚顶做了防水。我们又自己动手建起了一个属于自己的窝。初冬，我们再一次从求医路上失望而归。一路劳累，我们回到家睡得很香，很死。半夜，我突然惊醒，感到头沉而痛，便支撑着来到外间，当发现炉火正旺时，我意识到这是煤气中毒的症状！我本能地走向房门，然后就人事不省了。等我被刺骨的寒风吹醒的时候，才发现自己一半门里一半门外地躺着。爬起来看妻子，她躺在里外屋之间，也不知我们这样倒了多久！感谢苍天，冥冥之中让我从睡梦中惊醒，假如我没有醒过来，假如我打开炉盖却一头栽倒在火炉上，假如我打不开房门……这是我们第一次死里逃生的经历。

第二年初春，天气阴冷，气压很低。夜半熟睡中，我被女儿微弱的哭声惊醒，发现她掉到了地上，等把她抱到炕上，头重脚轻的感觉又一次提醒我是煤气中毒！当时我已无力下地开门，只能爬到窗前用拳头打碎了玻璃。同样住在防震棚的习大爷夫妇听到声响，起来为我们打开了门窗，盖好了被子，努力叫我们醒来。这一次中毒，我身体的反应要比上一次严重很多，以至于至今每次嗅到特殊气味都会有强烈的反应。当年辽南地震，死于防震棚内煤气中毒的人数远远多于地震遇难的人数。我家的两次煤气中毒事件，惊动了系统上下，很多人为我鸣不平。时值局里有位同事调往郑州，倒出了一套不到二十平方米的小房，原本当时有领导打算给自己儿子做新房，但一贯正直的由志简副局长仗义执言："都要出人命了，我们还想干什么？"就这样，可敬的由局长跑上跑下，最终为我和爱人争取到了这套珍贵的住房。这也是我们一家三口用死里逃生的代价换来的。

在这间小房里，我们生活了九年，儿子便出生在这里，它是我们家庭生活最值得纪念的地方。房子虽然小，承载的故事却很多。爱人曾在小院里养过二三十只鸡，这些鸡成为家庭的重要给养。为改善生活，她在院里做过服装、画过玻璃画，拿到市场销售。也是在这间小房里，她把批发来的布匹绑到自行车上，骑着车赶集下乡，走村串户、越岭蹚河地叫卖，曾遭到过顾客的刁难，遭到过恶狗的追咬。瘦小的她这样辛苦，只为了补贴家用、改善生活。这间小屋位于一个老式四合院中，是一双儿女童年的乐园，是装满我们一家四口其乐融融、欢声笑语的幸福空间。我在这个时期创作的油画《夜深》《摇篮曲》，年画《小画家》《对不起没关系》《鸡鸣富贵》都与小屋的生活有关。这个时期我的良师益友宋惠民、马运洪、吴云华、王百顺等，都曾经来过这个小小的屋子，他们都曾是我家的座上宾。

在漫山开满映山红的时节，"斗批改"工作队的使命宣告结束。一年来我只在评水浒、批宋江的专栏上画过几幅漫画。即将

1978年，创作油画《夜深》

《摇篮曲》 油画 1981年

撤离的日子，我终于解放了，犹如出笼之鸟，起早贪黑地出没在花红柳绿的山间疯狂写生。放纵后的创作更具爆发力，没几天，我就画满了一大本速写。就是这样一个视画如命的人却被当成接班人下放基层锻炼，论家庭是对妻子女儿的终生愧疚，论艺术是一种荒废，论政治是一种浪费，论人生倒是一种阅历。即将离开工作队的我与同为接班人的好友孙廷义谈前程，互换了"信物"上海表。我们俩一个发誓从政，改变骑着自行车送书下乡的命运，一个决定固守艺术，一条路走到黑。我们各自朝着自己的目标努力，他很快当上了乡长，而我却在领导做出提拔我的决定时，逐家拜求领导收回成命。这一切没有任何解释，只因为，我是一个视画如命的人，没有任何东西会比艺术更吸引我的心、我的人，我的眼中只有画画这一件事，我要回归到画痴的行列。

有一段时间，生活的压力曾让我怀疑自己对艺术的坚持在骨感的现实面前究竟能支撑多久。好友郑新雨看透了我的心思，他认真开导我，严厉批评我，这兄弟般的告诫催我觉醒，让我找到了继续前行的理由和勇气。在防震棚生活的日子里，我构思了很多作品，如《重建家园》《工地的歌声》《春插》等，但因自己当时技术上的欠缺和一时的不专注，最终没能完成，就连记载我和妻子爱情故事的那幅年画稿，也因为被谁借去参考最终下落不明，成了永远的遗憾。当年，我和郑新雨因为年龄相仿、志向相投，成了胜似兄弟的挚友，他是我的艺术偶像、老师，我是他生活中的保护神。我们一起下乡，一起体验生活、收集素材，每天形影不离，那个时期的出版物和展出作品中时常出现我俩的合作，当然多数他是主笔，我是助手。我们曾胆大妄为地在鲁美教授的画室里改画，曾一起从人民美术出版社接过连环画脚本，曾步行登上云雾缭绕的巍大岭为油画《扎根》收集素材。1974年我们一起创作了国画《硝烟未熄》、版画《同路》，双双入选了全国美展。按要求我和妻子在防震棚里赶印了十幅《同路》送全国赴展，但却因为"巨星陨落"，展览中止，作品也最终不知去向，我手中只保留下了仅有的一幅。生活上只要郑新雨需要，我都会挺身而出不顾一切竭尽全力。记得那年单位涨工资，唯一一个名额经投票被他获得，可是领导却宣布投票结果作废，要重投

《同路》 版画 1974年

《不减当年》 水粉 1977年

给他人，我带头闹会，在单位第一次做了那么长的发言，驳得领导有口难辩。和他相处、工作的日子，我学到了很多，他对艺术的痴迷、对创作的执着，他的绘画品格，都为我做出了榜样，成为我终身受益的力量。可以这样说，和郑新雨一起度过的这段宝贵的时光是我艺术生涯中最重要的储蓄期。

艺术当随时代。拨乱反正，我以亲身在石门水库会战的生活经历和一幅风景写生为参考创作的水粉肖像画《不减当年》入选辽宁省新长征美展，这是我独立完成的作品第一次参加省展，是我创作生涯新长征的起步。科学的春天，又催生了我的油画作品《夜深》的诞生，这也是我和妻子当年对生活、对人生态度的写照。同期完成的还有《话晚年》，记录了那个变迁年代社会的进步以及人们内心饱含的向往。这两幅作品同时通过了省级评审，被选为中国美协东北、华北美术作品草图观摩会的参展作品。获悉作品入选观摩会的消息，我组织当时的美术组全体人员赶赴大连，打算近距离参观学习观摩会作品。当时会议安排在大连棒棰岛，众所周知，那是一个门防森严的地方，我们自然也需要寻找入岛的方法。唐宝山先生当时接待了我们，他说会议戒备森严，大连当地画家都没法儿进去。我不甘心白跑一趟，决定智闯棒棰岛。我们在大连火车站打了一辆出租车，那时的出租车并没有特殊的标记，我们在红叶纷飞的路间疾驰，嘱咐司机到大门口不要慌，大大方方地往里开。事情也确实按照我们的预想发展，站岗的警卫战士看见是轿车还敬了一个礼，我们径直而入直奔观摩会所在的九号楼。省美术家协会金荣锬老师见到我们，又惊又喜地赶在会议之前偷偷把我们放进展场，我们抓紧时间先睹为快，饱览了全部作品，最后大摇大摆地步行走出棒棰岛。现在每当路过棒棰岛大门，我都会想起当年这件趣事，为当年的机智、勇气点赞。我入选观摩会的两幅作品中，《话晚年》反响最好，被《人民日报》刊载，当年这事在我们当地引起了不小的震动，这对我是极大的鼓舞，我的艺术创作也因此进入了第一个收获的季节。

由而立走进不惑

1979年，我进入而立之年，也进入了对艺术满怀信心、孜孜求索的时期。全国恢复高考，作为被迫中止学业的"老三届"，我也被继续深造的念头折磨着，但又没有勇气放下当年众人羡慕的文化馆工作，更不可能再度犯傻放下对家庭的责任，心里又纠结又彷徨。在这样的纠结中，辽宁省举办群众美术组长学习班的消息突然而至，这对于我来说真是雪中送炭。

这是一次具有特殊意义的学习，学习班师资豪华，学员高手如林，在我眼中，这就是辽宁美术界的"黄埔军校"。我们很多人后来一直感恩省群众艺术馆，感谢宋士杰老师主持了这次学习班。这是我有生以来第一次听大学教授、美术名家讲课，宋惠民、祝福新、杜连仁、张希华这些我崇拜的大家先后带班授课，带我们写生，评作品，讲画论。我如饥似渴、几近疯狂地吸吮着艺术的养分，在全班五十多人中，我是最拼命的一个，一个月就完成了水粉风景、人物写生一百二十六幅。在学习班一个月的时间里，我又把整个家和两个孩子留给了爱人。她每天要背一个抱一个赶着时间上下班，常常是吃不上、睡不好，幸亏还有不少工友伸出友谊之手，我一直感谢他们！那时通讯极其不便，心中的牵挂变成每天疯狂作画的动力，我只有这样才算是回报妻子对我无条件的支持和无私的付出。就这样，我每天不肯浪费一分一秒的时间，光线好时画风景，阴天下雨时画人物，晚上连同住旅社的旅客也不放过，拉过来画肖像。记得去广鹿岛，船老大黝黑透红酷似金刚铁塔般的形象实在是太有魅力，令我充满写生的冲动，不画不行。经他同意，我们几个"拼命三郎"在漂摇的船板上，完成了值得纪念的渔民肖像。班中我年龄最小，可带的画具却最牛，是一个精心仿制的苏式画箱，这是我专为这次写生提前动手组装的，所有铁件全部采用不锈钢，这在当年绝对少有，以至于三十几年后同学相聚时，大家还会提到那个画箱。

学习班期间，还发生了一次对文化馆美术干部创作命运至关重要的大讨论。当年省文化厅在反对派的主张下，下发了一个制止文化馆干部利用工作时间搞创作的文件，把美术干部的创作非法化。这一禁令引起了全省美术干部的强烈不满，在讨论会上，每个人现身说法，用自己的工作经历全面否定了这个文件，省文化厅最终采纳了大家的意见。这是全省群文美术工作者的一次解放，这次大孤山美术学习班在辽宁省美术史上书写下重重的一笔。

学习班的系统学习，为我的艺术人生提供了重要滋养，是我艺术前行的加油站。从此，写生变成了我生命的一部分，成为一种习惯。

1979年9月，宋惠民老师应邀来盖州东部山区赤山写生，我们文化馆美术组全体随行。现在翻看宋老师那本写生集，十几幅作品都出自当时那次写生。我们跟他一起写生，学到很多，有了宋老师的言传身教，我也画了很多理想的写生，只可惜在一次展览中，作品被报考鲁美的弟子们洗劫一空。送宋老师回城的路上，我们发现了路边一处非常好的景色，第二天又专程返回写生。由于画得痴迷，我们错过了当天最后一趟返程车，只好投宿在附近的大车店。现在的人无法想象当年的住宿条件，三十人住

1980年，与宋惠民老师（右三）梨花写生

在相对的两铺大炕上，为避免将"小动物"带回家，我们只好把所有衣物用绳子吊在半空，裸身钻进冰冷的被窝，彻夜不得入睡。早起我又冒着凛冽的寒风，画了一幅寒气逼人的《山路》。就是这次写生令我有了《金色的梦》的创作构想。第二年初春，宋惠民老师又约我来熊岳画梨花，为创作悬挂在人民大会堂辽宁厅的《鞍钢的早晨》收集素材。我召集了当地二十几个学子陪同。那些年，宋老师等鲁美老师多次来这里写生，带动和影响了当地的一代美术学子。梨花写生结束，我请宋老师去盖州，妻子做了一桌好菜，盛情地招待了他。下午宋老师为县城近百位美术追随者现场做了肖像写生讲座，只可惜那幅精彩作品被有心人"收藏"了。

吴云华老师更是盖州的常客。1981年夏，我们一起去鲅鱼圈，每天我俩早起晚睡，早晚画风景，白天画人物，时间安排得紧张充实。吴老师画起画来非常痴迷，一天，他在一片海礁上写生，画得尽兴，全然忘记了涨潮这回事，还是我发现后紧急呼喊，他才如梦方醒地赶忙收起画具，费了好大周折才脱离险境。这一年，我完成了《金色的梦》的创作，素描稿完成，又画了色稿。我带着它们专程赶赴沈阳，求教吴老师，他热情鼓励、坦诚赐教："把一切往平了画。"这句话让我茅塞顿开，开启了我那个时期艺术探索的思路，受益至今。

1982年，我俩又相约在漫山梨花飘香的时节去了盖州东部山区最美的山村老牧场，他为一幅作品收集素材，我则借此机会为一幅作品寻找模特。山村的幽静，村民的质朴，让人不想离开。山乡星光下的静夜，我俩一起谈人生、谈艺术、谈梦想，那种畅所欲言、指点苍穹的酣畅真是令人记忆至今！记得那一次我还为文化站站长九十岁高龄的奶奶拍了一张肖像照，等回到城里冲洗，才发现胶卷是空的，为守诚信，我重返几白里路为她老人家补照。

借文化馆工作的特殊平台，我迎来送往接待了很多艺术大家，在这交朋结友间不断地丰富自我。那些年经常邀请名家教授来县城讲课，徐家昌、周玉伟、孙文超、王百顺等都多次来过盖州。顾莲塘老师带王兰那届学生去鲅鱼圈写生，委托我安排车接站。那时县城里根本找不到有篷的车，正巧，县医院新买的一辆救护车还没有启用，院长特批用它为同学们出车，这在当年可真是最高规格的待遇了。

没进美院是我终生最大的遗憾，但我欣慰的是，虽然没有鲁美的学历，鲁美的许多教授却都承认我这个学生。一个特殊的年代，一个特殊的我，通过广结良师益友在迎来送往间长了见识，受了熏陶，也得到了教诲指导，成就了我自己的艺术追求。最熟悉我的宋惠民老师曾感慨地说："高志华能坚持画画真的不容易，他爱人就更不容易，她的支持、她的付出真的是太伟大了。"

我的成长源于我的坚持，源于爱人的全力支持，源于没进美院却拥有胜似美院的最好的教育。有人认为我是自学成才，我却不认同，因为一路走来我有最好的朋友、最好的名师陪伴，只不过没有学历、没有名分罢了。我有时也庆幸自己的草根身份，也许正是这种无知无畏的草根力量，才造就了我的艺术品格，造就了我"杂家"的艺术经历。

进入20世纪80年代，我的写生热情达到疯狂，时常是早起画晨光，晚上下班骑着自行车追夕阳，带领我的弟子把整个盖州小城画了个遍。有一次，我和六七名同学在县政府门前马路边上摆开了阵势，下班的人们停下来看热闹，引起了交通阻塞。我爱人的同事正好路过，他原以为出了什么事，挤进人群一看原来是我领学生在画画，回去就将此事汇报给了我爱人。当时我画的就是那幅油画《盖州街》。

我们当年的美术组是一个特别能战斗的集体，领导分配的任何任务，都会雷厉风行、保质保量地完成，从来不打折扣。我们忙起来一阵风，坐下来又是一个坑，大家各占一个墙角，埋头钻研自己的业务，比着、赛着提高业务水平。我们用工作的努力，换得了领导的偏爱，每逢全国美展都会给我们参观、采风的机会，黄山、泰山、延安、青岛、曲阜等地都留下了我们写生的足迹。每次我都背着那个仿制的苏式画箱，爬山、赶路，抓紧一切可利用的时间，早画日出，晚画日落。每次看展览我都是最后一个被请出展场的，画写生肯定是数量最多的一个。我一直梦想努力用专业的进步改变我和家庭的命运，但走过之后才发现并没有那么简单，"天道酬勤"

《玄帝古庙》 油画 1980年

的路太难。生活的压力没有改变我对艺术的追求，生活的苦难没有影响我"己所不欲，勿施于人"的人生态度，豁达、乐观、积极向上是我做人、做事、作画的人生追求。我根据自己的生活经历创作的《摇篮曲》，寄托着我对儿女的期待，入选了辽宁省青年美展并得到好评，得到又一次鼓励。

这个时期是中国美术开放图新的特殊时期，艺术形式、艺术

《盖州街》 油画 1989年

表现的探索在悄然进行。《金色的梦》是我追求视觉平面化的探索成果，接下来的《山里娃》创作伊始也用平面化处理，但当时没有完成，后来改成了写实手法。1983年我创作的《端午》《酸辣香甜》是那段艺术探索时期的代表作，在当年的评论文章中，这两幅作品都得到很好的评价。《酸辣香甜》进京展出，被国内六家报刊刊载，这在当年是很高的褒奖，在美术界留下很好的口碑，获得了营口市年度艺术创作一等奖。

1984年，我又创作了油画《春风正催》，这幅作品从送展伊始就连遭噩运，先是通知我名额已满，不用送展，这对我犹如当头一棒，我明白这是《酸辣香甜》成功惹人嫉妒的后果。后经省油画会广廷波、吴云华老师的同意，这幅作品不占营口市名额得以直接送展。评选后，金荣铍老师告知我，作品评价很好，并向亚洲美展推荐了。不管结果如何，有了这样的肯定，对我而言已经足矣。东北三省巡展

1982年，登泰山

《春风正催》 油画 1984年

结束，参展作品分发回各市，我却没有收到自己的作品。作品的丢失和围绕这次参展发生的一切对我的触动太大，我开始对自己身处最底层的美术地位担忧，为我的草根身份担忧。面对美术界群峰矗立、参天大树遮掩和荆棘丛生的环境，我渴望阳光，需要水分，需要属于自己的生存空间。面对现实，我丢失了信心，失去了勇气，并知难而退了。从1985年开始，我放弃了酷爱的油画创作，选择了年画来"曲线救国"。当时，周卫老师组织全省三个县级先进文化馆为参加全国民间艺术会议准备材料，和我碰面后，周卫、于振立先生一起对我放弃油画表示谴责，给予了严厉的批评。而我却没有听进两位挚友忠言逆耳的规劝，自己断了自己挚爱的油画路，环境迫使我当了逃兵，变得实际。严格意义上讲，我们当年的一批年画家是美术界第一批下海人，是有优厚的稿费收入的一批画家，当年觉得自己做了聪明的选择，如今看来却真是目光短浅、缺乏远见。

我的第一幅年画《春风荡漾》还带有浓重的油画绘画痕迹，随后十几年时间，我有六十多幅作品在国内二十几家出版社先后出版，总印数达数千万张，单幅印数高达五十万张，成为全国年画创作大户。那时，年画家在美术出版社很受重视，因为靠幅年画的利润就可支撑一个出版社，因此出版社为年画家创造了更好的深造机会，每年举办一次创研班，都由中国著名年画大师李慕白、杭鸣时等诸多先生亲自授教。我的年画作品仍然追求民族风格和地域特色。

文化馆的工作很杂，收集整理民族民间艺术算是我比较感兴趣的工作。做彩灯、剪窗花我算是高手，在收集整理民族民间艺术中，我发现当地的风筝艺术有着较为广泛的群众基础和出色的民间艺人资源。为此我筹划每年二月二在清河岸边举办风筝赛会，逐步建立起了一支可观的当地风筝创作队伍，使这里成为全国风筝之乡。1983年辽宁省民间艺术展，我组织参展的民间工艺作品，几乎是营口市全部的参展作品，其中风筝长龙作品被调到中央大厅，营造了整个展场的热烈气氛。第二年春天，我接到周卫老师的电话，他问我风筝赛会什么时间举行，说要带辽宁电视台来采访，好大喜功的馆长怎能放弃这样的机会，他让我着手策划，越大越好。于是我带领美术组的全体成员逐家走访风筝艺人，发动美术作者踊跃参加，号召文化馆全员出动，人人动手创作风筝，甚至包括各中小学校的学生都被号召起来制作风筝参加比赛。那届风筝赛被安排在大清河桥西，会场观众达四万人，不得不请出一一五师一个连的兵力维持会场秩序，我是赛会的总指挥。中央电视台和辽宁电视台都以《忙趁春风放纸鸢》为题报道了赛事的盛况。周卫老师更是拿着相机，在清河大堤上下拍摄素材，他那幅参加第六届全国美术展览的油画《快乐吧·春风》就是这样诞生的。我常跟他开玩笑，作品的成功要分我一半。

盖州古城历史悠久，是辽南政治、经济、文化中心，名人辈出。我花费八年的时间收集到几十位书画名人的作品，发起了举办同乡画展的倡议，意在把分布在全国各地的盖州籍书画名人、曾生活在盖州的书画名人和现在盖州工作的书画家的作品集中展出。方案一提出，立即得到了沈延毅等同乡前辈的响应。沈延毅为展览题写了"翰苑思平郭，烟雾返故乡"的对联，曾任解放后盖州第一任县长、时任辽宁省副省长的朱川先生题写了"辰州书

2003年，与同乡詹建俊相聚大连

画展"（盖州市古称辰州）的展题，詹建俊先生寄来了自己出国展出的作品，马运洪从北京亲自带来了两幅油画，冯大中亲自送来了两幅佳作，周永家、王义胜、王大安、林英珊、郑新雨都拿出力作向故乡汇报。中秋月圆，一百五十位画家的作品汇聚古城，同乡同道、省内书画界名家雅集盖州，吟诗作画，这样的展出在刚开放的中国，实属首例。王盛烈先生看过展出，题写了"辰州书画展是一个创造，有利于精神文明建设"，当看到十几位鲁美的盖州学子的作品集中展出时，他为一个小小的县城能有这么可观的美术学子资源倍感欣慰。沈延毅老先生也为家乡美术人才后继有人题写了"人杰地杰"的感赞。这次辰州书画展影响至今，使这里成为全国有名的书画之乡。

1985年，我受命去南方学习群众文化娱乐项目。回到古城的第二天，天上突然掉下个大大的馅饼砸在我的头上：我被任命为辰州书画院院长兼党支部书记，且强制安排不容推托。从群众文化工作人员一夜变成专职画家这样的美事临头，我当然不会再犯傻，进入书画院，开启了我作为职业画家的唯一的五年。小小的县级画院让我改造得温馨和谐，学术氛围浓郁，在群雄逐鹿的第七届全国美展中创造了三幅入选、一幅获奖的优异成绩。画院创办了中国书画函授大学辽南分校，成为当地美术创作和教育活动中心。画院工作是我独立行使单位权力的五年，我靠着一种责任和担当，处理了单位各种复杂的遗留问题，做过被告，打赢了基建遗留的经济官司，处理了基建楼房遮阴这种与百姓纠缠难以解决的问题。这一段经历给了我最好的历练。

1987年，我与好友张万臣一起创作了年画《百子欢乐图》。我们各自构思，收集素材，翻阅资料，精心研究。我在给他的回信中画了第一幅小草图，只有7cm×7cm大小，在赶去沈阳参加创研班的列车上，又用二十开速写本完成了稍大一点儿的草图。作品整体大构图、人物动态则是我们俩在两天时间内一气呵成确定的，大部分都保留到了最后，终于我们面壁百日完成了最终作品。《百子欢乐图》合作的成功源于我和张万臣有同样的生活经历、同样的民族民间艺术熏陶、同

1987年，与张万臣面壁百日合作《百子欢乐图》

样的文化工作积累，因此能够融会贯通、一拍即合。百子百态，这幅作品以一个象征团结的团锦图案为中心，以表达中华民族的舞龙文化为核心，用各民族的民俗为表现线索，采用中国工笔重彩的表现手段，从形式美和表现语言上进行了大胆尝试。这幅作品在第四届全国年画评奖中荣获二等奖，成为1988年春节各大电视台的热播镜头，是中国至今最大的一幅年画作品，之后又由文化部中国对外展览公司推选出国巡展。

1989年，为迎接第七届全国美展，我创作了《幸福曲》。作品前后历时两年，几易其稿，在对生活的挖掘和形式语言上注重发挥年画的特性语言，注重对人物内心世界的刻画，从生活的细节入手反映具有鲜明时代特征的主题，用人物微妙的艺术化的肢体语

1988年，《百子欢乐图》在北京展出，全家合影

《幸福曲》素描稿

言，增加作品的感染力。这幅作品中女主角优美的动势是妻子亲自设计的，曾是舞蹈演员的她用优美的舞蹈艺术语言，成功地表达了人物的情感世界，成为作品的核心语言，实现了我预期中所要表现的艺术效果。《幸福曲》是我和妻子追求美满生活的内心表达，草图完成后，由辽宁美术出版社推荐参加了在山东威海举办的第二届全国年画创研班，历时一个月，在沈家琳、冯真教授的指导下，最后完成作品。这幅作品在第七届全国美展中荣获铜奖。

从这一年开始，我开始对水彩与水墨进行探索，尝试水彩、水墨的意象表达方式，《良宵》便是探索中的产物。吴云华先生到我家看到了这幅作品，异常兴奋，鼓励我完成一个系列，写一篇文章发表，并预言这将成为我的独特艺术语言形式。我兴奋地接受了他的指导，投入更深一步的创作中。但事与愿违，当年用的那批保定水彩纸用完了，水彩对纸张的要求高，在其他纸上无法实现，更因为我功夫下得不到，对吴老师的评价缺乏深度理解，没有把握住这次艺术探索中转瞬而逝、难以追寻的灵光。《良宵》入选第七届全国美展辽宁省推荐作品，有知情人透露因为我把它裱在硬纸板上，不合乎运件要求才导致被拿下。我后悔自己对作品过于珍重，失去了这次展示研究成果的极好机遇，留下永久的遗憾。

画院的日子是我艺术创作顺风顺水的时期，《百子欢乐图》《幸福曲》《良宵》等一大批作品都是这个时期产生的。这一时期我还投入大量的时间进行水墨山水画的探索，从辽南乡土的生活中提炼出属于自我独特的语言表达，创作了《乡魂》《唱晚》等系列作品。在艺术创作上，我反对"圈地运动"，更喜欢探索各种各样的绘画形式、各种表现手段相互包容和外延的可能性，把自己放在一个大的艺术环境中。在学习研究理解东西方文化的过程中，广泛涉猎，寻求自我独特的感受，并为这些感受寻找适合的阐述语言。

1986年，我和妻子用我们的积蓄，在古城中心买了四间平房和一个小院。妻子是一个非常勤劳、很善于持家的人，她把小院打理得整整齐齐、窗明几净，院中鸟语花香，鸡鸭成群，瓜果累累，绿树参天。我们用自己的双手改变了长期以来的住房困扰，建立起舒适温馨的家，真的可谓安居乐业了。

1986年，搬进新居的日子

做职业画家的那五年，我两次接受开发风景旅游区的规划设计任务，十上赤山，常去北海，以一个艺术家的责任和眼力，发现、命名景点。由于我表现出色，被书记、县长看

1995年，盖州东部写生

中，差点儿再次犯官运，当上旅游局局长。营口市第七届党代会，我当选为代表。但这些对我没有半点儿吸引力，对于我来说这些都是浮云，坚持做一个画痴才是我的选择。

只为一个承诺

在古城盖州，我生活、工作了二十年，走进了不惑之年，饱尝了人生百味。那些爱恨情仇的故事给了我最好的历练。我和爱人共同打拼，经历了生与死的考验，闯过了一道道难关，迎来了安居乐业、顺风顺水的日子。可本性不安分的我却与爱人商量决定，放弃这得来不易的安逸，去寻找外面更广阔的世界，寻求专业上更大的发展空间。

正在这个时候，我从姐夫那里获悉辽宁师范大学组建美术系的消息，我本人特别羡慕高校老师的自由，于是不自量力地做起了高校教师梦。我花费了一个月时间准备试讲，翻阅当年能找到的国内外水彩画资料，不断尝试，准备了二十几幅范画，以《水彩画的特殊技法》为题，试图敲开辽师的大门。试讲顺利通过，学校为我排了课，也为我爱人安排了工作，还考虑了住房，甚至还做出调入后送我赴中央美术学院进修的计划。但上帝有时候就是喜欢作弄人，原本一片美好的前景铺设在眼前，却由于学校内部的矛盾及操作的一点点偏差，导致调转失败，再三挽回也无回天之力。我的调转消息惊动了小小的古城，县委书记反对我的调转，省美术界几位前辈、老师、挚友也坚决反对。当时有一种说法："谁到大连都不好使，准得掉进去。"辽宁美术出版社社长

1990年，告别故乡的留念

表示，如果我同意，辽美马上接收，我却谢绝了人家的好意，非大连不去，真有点儿"明知山有虎，偏向虎山行"的气概。

1990年初冬，调转出现了转机，我投往辽师的简历材料转到了大连市委组织部，天赐良机，美协位置的空缺让我看到了希望。当干部处处长通知我"过一段时间接替大连市美协秘书长职务"时，我吓傻了，我知道自己的半斤八两，一个外市小县城的人怎敢接此重任？我忐忑不安地去大连市文联面试，两位文联主席平易近人的接待，让我松了口气。

当天下午我便拿到了全家搬迁大连的调令。

这一年，是我人生中重要的转折点，我被批准成为中国美术家协会会员。11月10日我到大连市文联报到。1991年1月15日，盖州下了一场很多年也未见过的大雪，在漫天皆白、银装素裹的早晨，我们一家在挚友、众弟子的护送下，告别了古城。至今我仍记得离开时满树的白色雪花,古城以一种圣洁无瑕的方式与我们告别,告诫我们忘掉过往的烦恼,重新描绘最美的画卷。

在1991年大连市文艺界联欢晚会上,我第一次与全市文学艺术精英见面。十分简陋的礼堂,没想到市五大班子主要领导一位不少,我暗自庆幸选择的城市的文学艺术能得到如此厚爱。我站在十二位协会秘书长的行列中向全市文艺家拜年,可我名不正言不顺,无法公开介绍自己的身份,只是即兴说了这样一段话:"我是一个画迷,是一个画痴,是一个好大喜功、喜欢做事的人,是一个希望我好、你好、大家都好的人,在这里给大家拜年了!"这是我离开故土来到他乡的第一份宣言,也是我之后二十年始终坚守的一个承诺。

在很多公开场合,领导会介绍我是作为引进人才进入大连的,但私下里人们都在议论我是走后门进来的。人们的白眼、始料不及的各种排斥,让我领会到师长、挚友阻止我选择来这里的深意。本想寻找更多创作时间的我没想到却陷入了巨大的压力和服务性工作的纠缠之中。我必须在短时间内用工作来证明自己的能力,用作品来证明自己的价值,寻找一块可立足

1991年,初来大连

的生存之地。

1991年，大连市举办庆祝中国共产党成立七十周年美术作品展，我拿出了我的看家作品《幸福曲》和《百子欢乐图》。展览产生了预期的效果，冷眼变成了热眼，排斥变成了关注，冷漠变成了友善。我常常告诫自己，作为一个画家不能无画，无画则无话可说。"画"才是画家的硬道理，我不断用自己的作品在这块人杰地灵的宝地上，在人才济济的城市中寻找自己生存的一寸土地，用勤奋无私的工作换取人心和信任。

1991年，《百子欢乐图》在大连展出引起关注

1992年，我代表辽宁省参加第三届全国年画创研班，在四川温江，历时一个月完成了年画《幸福赛》的最后创作。这幅作品历时三年，几经大的变动。记得我带着原始资料去参加创研班，在奔赴沈阳的大客车上，书包被小偷顺手牵羊，所有资料全部丢失，只剩下一个白纸卷，同道们取笑我说："高志华进沈阳只剩下了一根棍。"现在想来这未尝不是一件好事，不破不立，丢失了全部资料使得我必须重新体验生活，重新搜集资料，重新构图，也重新寻找更丰富的创作灵感。为此我又回到古城、回到老家。改革开放以后，逢年过节我都回家看望父母，父老乡亲的生活和精神面貌翻天覆地的变化，都激发了我创作的冲动。我寻找理想的模特，精心设计每一个人物，从商店买来鞭炮，借来摩托

《幸福赛》素描稿

车，营造出理想的环境氛围，精益求精。在作品中，我特别重视对人物内心世界的深入刻画，力求表现鲜明的地域风格、浓郁的乡土情调，用十足的年画味道，反映出强烈的时代特征。这幅作品从构思开始就得到众多名家关注，得到很多的鼓励，也收到很好的建议。创研班主讲沈家琳老师甚至专程由上海带来他珍藏多年的英国水彩纸给我用。这幅作品最终在第五届全国年画评奖中荣获一等奖，它也是我十几年年画创作的最终篇，是我给自己的年画家身份画的圆满的句号。

《幸福赛》的成功是我向大连这座城市献上的一份厚礼，人们向我祝贺，可我没怎么兴奋，因为我正面对自己艺术人生的下一步思考。面对一个陌生环境中错综复杂事务的压力，我总结了年画创作的得与失。十几年的年画创作，我最大的收获是造型写实能力的提升，是对水彩材料技法技巧的纯熟把握，是结识了全国出版界、年画界的名师益友，荣获了奖牌，获得了颇为丰厚的奖金收入。但同时伴随而来的却是我创作意识的消退、创作观念的落伍。在南京展览开幕式上，面对老一辈年画人的期待，我做出了年画在中国将进入永久休眠期的判断，我确定《幸福赛》是我年画的收笔之作。

之后的艺术人生将选择一条怎样的路？我进入艺术生涯中最痛苦、最迷茫的时期，辗转反侧，寝食不安。

在盖州工作时，我曾得到过同乡——文化部中国对外展览公司田福惠先生的关照，组织了营口地区扇面画出国展览。来到大连，我自然也会想到他，请求他于公于私都要再为大连设计一次出国展览。1991年，他借中央党校毕业考察之便来到大连。在大连市庆祝建党七十周年展览会现场，田福惠、晁德仁、宋安生和我四人认真分析了这座城市的美术现状和发展前途，共同认为筹备大连水彩画出国展是最好的选择。从此，大连水彩画创作进入

1992年，与华君武（右三）、沈柔坚（右二）、晁德仁（右一）合影

全国激扬奋进的大浪潮中。而这和我当初在辽师试讲的课题也刚好吻合，于是我担当了组织者和实践者的双重角色。大连这座移民城市与其他沿海城市一样，最早接受了西方绘画，水彩画在这座城市有相当好的根基和受众。我们充分利用这一得天独厚的优势，发动老、中、青三代艺术家热情参与，邀请国内外名家开讲座、办展、表演，先后组织多种研讨会、观摩会达三十余次，连续多次举办水彩画学术展，组织发动画家参与全国美术展览。我们确定了以水彩画为大连美术重点工程的发展战略，从各个方面爱护、启发、鼓励、调动画家的创作热情。有的画家对参加全国美展缺乏自信，我就替他们支付送展费，结果入选展出。重点工程的发展带动了全市美术的全面繁荣，大连美术出现了厚积薄发、群峰迭起的大好局面。刘大为先生曾在文章中说，大连美协把水彩画作为重点工程的发展战略值得提倡。黄铁山、吴长江在多次讲话中肯定大连与上海、广州、青岛成为中国水彩画发展的四大中心城市，为中国水彩艺术发展做出了重要贡献，称"大连是水彩之乡"。

1994年第八届全国美展，是我来大连之后的第一次全国大展，组织发动全市美术家投身创作是我义不容辞的职责。而对我个人而言，选出怎样的个人作品参展也至关重要。我在几十个小草图中寻觅，选定了《绿的萌动》这幅作品，这是十几年前在古城盖州地摊上收集的素材。我平日随身有一个速写本，常把生活的感受、读书的感受和因此启发的创作灵感勾画出来，做点儿笔记。我是吴云华、周卫、李秀忠等老师家的常客，他们每逢见到我都会问我的构思，看我的速写本，并一一给予我建议和指导。

《绿的萌动》这个题目中"绿的"两个字是李秀忠老师十多年前为我加上的,为做好参展动员工作,我邀请时任辽宁省美术家协会秘书长的他来到大连。会议前夜,我带着自己到大连后的作品草图和创作计划向他请教,当他听说我想用水彩完成《绿的萌动》时,他生气地指责我说:"你扔掉油画十年了,耽误了十年,现在还在投机取巧!你知道当年全省油画界对你的希望吗?你的出路是油画!"正如秀忠老师所言,当年周卫、于振立的批评,我没有听取,这是我艺术道路上又一次大的偏差,当年因小失大的选择,如今每每想起都会感慨和深深后悔。

《绿的萌动》是我艺术转型期的作品,这一时期的水彩作品如《初春的记忆》《秋日无声》《外面的世界》《世代春秋》等等,表现手法和观念都流露出年画的痕迹和影响,缺乏表现力,缺乏绘画性。虽然《绿的萌动》入选了第八届全国美展,得到了一定好评,但我对自己创作意识的退化、创作观念的断层心怀忧虑,我担心永远摆脱不了这样的影响、这样的束缚。我在痛苦中挣扎,在痛苦中思索。我分析研究了新时期东方艺术受到西方强势文化影响的现状,在再度引发的新一轮西化风潮面前,东西方文化二元对立,崇峰林立,这让我无法逾越,不能自拔,不知该何去何从。正如贾方舟所言:"我们必须逃离这座监狱,站在超越'东方—西方'这个由来已久的恒定点之上,彻底解放作为一个中国艺术家的主体精神和创造能力。若不然,我们不会有令人佩服的作品,跨越国界、种族、文化与世界未来对话。"我在笔耕反思之中,逐步明确了自我发展的基调,转型以水彩为主攻方向。我在曾一度沿用西方再现物象的法则、追随国内流行一时的具象写实手法的行进中猛醒，放弃了写实再现手法，发挥自我"杂家"之优势，开始了对水彩意象表现的更高境界的追求，用东方人的视角，审视西方绘画，开始了水墨与水彩的对话。我在水彩中探求东方神韵存在的可能，在水墨中融会水彩要素，索性打破水彩画纸和宣纸的限制，打破水彩透明颜料与国画矿物质颜料的限制，以色为墨，以墨为色，开掘共同媒介——水的潜能，发挥东方人用水之妙，吸收西方人用色之道，借鉴中外大师对物象转换的法则，强化艺术"天人合一"的境界，追求形式美的现代语境，开拓地域风格和对个性语言的锤炼，扮水墨与水彩的红娘，让自我神游于天地万物之中，写心中之象，写表意之象，从探索的试验中成就自己的艺术个性。在这样的思想游走、信马由缰、自破自立的探索过程中，一批寻象可观意的作品就这样产生了。

从20世纪90年代开始，《今宵》《晓露》《情愫》《国色》《温馨的土地》等一大批作品先后获得东北三省金奖，入选第四届全国水彩粉画展、第十二届中国新人新作展等。时任中国水彩画会会长张英洪先生在著述中指出："第一次看见高志华的这幅《瓶花》，放纵不羁，灵变多姿，表现出作者活跃的艺术思想、着力于开拓及观察审视生活的独到见解。高志华有扎实的基本功，之所以这么放开了画，这是在将'外师造化，中得心源'师之于心，注重表现作者自己独特的内心感受，所以《瓶花》的塑造，像有形又无形，似有法又无法，就在那样遐想妙得的状态下完成。"这是我艺术生涯最重要的抉择，是我最大的一次"变法"，而从专家的肯定中，我找到了自信，于是游走得更加肆意、更加自由。1997年出版的作品集记录了我从写实到写意的转变过程。

1995年之后，我们家又好事连连，一双儿女相继考入鲁迅美术学院，我和妻子的美院梦在时隔多年后，由他们姐弟替我们实现了。

1996年，我正式当选大连美术家协会副主席兼秘书长。接下来几年，我晋升为国家一级美术师，荣获大连市政府文艺最高奖"金苹果"奖，享受国务院特殊津贴，获辽宁省德艺双馨文艺家称号，四幅作品入编《中国现代美术全集》……这是我艺术生涯的丰收季节。

当大连画院院长的头衔又一次降临到我头上时，妻子警示我："你在大连该得的都得了，该有的都有了，现在不能再向前一步了，向前一步就是悬崖！"我接受了她的忠告。和妻子一起这么多年，她是我事业的得力助手，生活中的坚强后盾，更是我艺术道路上的最好同伴。她是我作品的第一观众，给了我很好的指导和建议，是我创作的监审，她眼力很好，品位格调很高，经她称赞和肯定的作品每每都成为我的代表作，因此我在创作过程中也经常会喊她来帮我参谋评价。她看问题总是一针见血，批评我到大连后没有几件大作，全是小品，她为我的创作亮了黄牌，这是我很重视的提醒。

《黑土故事》和《黑土欢歌》，是我对水彩画意象表观的深入研究的拓展。我设想将意象花卉作品研究的成果转化到人物创作中来，这是一个难度极大的课题。人物画要求造型严谨，与我所追求花卉意象表现的放纵不羁产生了难以逾越的鸿沟，如何在

1999年，创作《黑土故事》

1999年，《黑土故事》得到吴冠中先生的首肯与指导

似与不似之间表达出人物特征，表达出浓郁的地方特色、人文精神、民族气魄，构建当代个性语境是我不断的追求。《黑土故事》送展第九届全国美展时，被省评委建议换另一幅作品，满怀野心要拿奖的作品得到这样的结果，我失去了对自己作品的自信和判断力，完全陷入迷茫。当吴冠中先生对此画给予高度评价，当听到美国水彩画展评委俄尔多先生的热情称道，特别是两年后《黑土故事》作为评委作品在首届人物画展上亮相，有重量级评委建议我不要做评委，应该参展拿奖，王维新先生、陶世虎先生问我为什么不早点儿拿出来展出时，我才在众多名家的评价中重新找回了自信，后悔当时没能坚持自己的判断。当作品三年后在第六届全国水彩粉画展中获奖，七年后又入选中国百年水彩展的时候，我更加悔恨自己没能坚持把《黑土故事》系列研究到底，目光短浅地只看一时的成败得失，迷失了方向，使宏伟规划半途而废。十五年后的今时今日我问自己，还能重新拾起这个系列，找回当时的感觉吗？答案是不确定的，当年因一念之差未能坚守让自己又犯了一个大错，与自己原本可以跳出妻子所评的小品步

入大作的契机擦肩而过，造成这一时期的作品仍旧停留在花卉小品中，只是向更抽象的方向迈出了一步。幸庆的是，花卉作品《馨梦》系列在《中国水彩研究》专著中被编进《未来篇》。

1999年，是大连市建市百年，大连市文联、大连市美协成立五十周年，作为一个已经走过百年岁月的城市，却没有一部对全市美术事业发展总结性的文献，只能查到只言片语的资料。责任感驱使我肩负起改变这一现状的使命。我利用来大连的九年间搜集的相关信息，加之拜访老者、查阅资料，花费几个月的时间撰写了《大连美术百年回眸》，对城市百年美术发展史进行了初步梳理，组织收集大连籍在外地的美术名家、曾在大连工作为大连美术做出贡献的美术家和生活、工作在大连的画家作品一百八十八幅，编纂了《大连美术家作品集》，邀请刘大为先生为画集写序。画集在当年全国美协新春团拜会上作为大会奖品发放，对扩大大连美术影响力产生了重要影响。虽然在编辑过程中遭遇过麻烦，但我为这座城市留下了一卷能传世的高水准美术史册，我个人觉得很值。2000年，该画集被装进大连百年世纪仓中，为城市留下百年珍藏，我的劳动得到了丰厚的回报。2004年，我又收集了新中国成立以来大连市参加全国美展的作品和重要出版作品的图文资料，计划编写《大连现代美术图史》，但这批珍贵的不可再得的文献资料在一次编辑出版中没能成书，而是被制成了光盘，导致原始文件被压缩，成了再无法编印画集的废物，这一计划被搁浅，想想真是令人扼腕叹息。

大连市建市百年之际，我受市政府之命，为纪念活动邀请国内美术界名家。首先邀请的是吴冠中先生，在吴先生家我递呈了大连市政府的邀请信，带去《大连美术家作品集》。吴先生认真地翻看后非常高兴，他对大连能有这样的美术家阵容高度赞扬，随即决定来大连，并要求能与大连画家见面，要看大连画家的作品。按吴先生要求，经汇报后我为吴先生安排了一周的行程。我们在刚刚启用的市委大楼会议大厅举办了吴冠中先生学术报告会，全市三百多位美术家聆听了他热情洋溢、充满感染力的讲座，大连百余幅作品在大楼环廊展出。吴先生在报告前逐一点评了作品，我近水楼台，吴先生对我的《黑土故事》点评得最多，充分肯定之后又给予了很好的改进意见。陪同吴先生，听他热情洋溢地谈艺术、讲人生，他那刚毅不屈的品格、独具匠心的慧眼、爱憎分明的艺术家气质让我深受触动，感悟很深。

9月，我邀请了刘炳森、郭怡琮、刘秉江、张凭、李魁正、赵宁安等众多名家来大连参加百年庆典，在棒棰岛举行了大型笔会，使本土画家有机会与国内众多名家近距离交流，为大连市留下了一批艺术珍宝。一周的接待也让我受益匪浅，借秘书长的工

1999年，邀请中国书画名家参加大连建市百年庆典

2003年，陪同靳尚谊（前排右二）、戴志琪（前排右一）参观第二届中国画展

作平台，我结识了国内外众多良师益友，先后还邀请了华君武、肖峰、詹建俊、全山石、刘文西、赵旭成、吴山明、刘秉江、周韶华、黄铁山、王西京、李奇茂、刘国松、陈正雄、关维兴、陈逸飞等国内名家及美国水彩画展评委俄尔多等国外名家来连，为他们举办展览、讲座或请他们参加研讨会。在与他们的交往中，我增长了学识。处理许多繁杂的接待琐事确实很辛苦，但我从中学到的东西最多，我是其中最大的受益者。有人说我在为大家无私奉献，而我却认为这是"大公有私"的服务。

为进一步了解各国的文化，我曾带过美国、英国、韩国、日本的学生，从他们身上近距离了解到异国文化和他们对中国文化的理解。尤其是从美国学生伊丽安纳身上，我获取了西方人对意象抽象艺术追崇的信息，这为我后期研究水彩意象表现的探索积累了很宝贵的经验。

市场经济的飞速发展，催生了艺术市场的大发展，艺博会在国内方兴未艾，我自然不会旁观。我最早的规划是组织大连三五十位画家闯广州，想在当年影响力最大的广东艺博会上创造出一种特殊的文化现象。但组织起来不那么容易，于是我大胆提出了就地举办的方案，得到了投资人的支持和市政府的重视，得到了中国美协的支持和国内外艺术家的响应，大连国际艺术博览会成为大连文化的一大盛事、一张新名片。有展会权威人士评价，尽全市之力的大连小交会办了十年也没有大连艺博会第一届的宣传声势。同年，我就被上海艺博会邀请，参加由全国四大展会共同参加的艺博会论坛。我们三年的规划，第一年就实现了。

2000年，创办首届大连国际艺术博览会，宴请中外嘉宾

2000年，与刘大为（右一）、李中贵（左一）先生为首届大连国际艺术博览会评奖

世纪之交，为提醒他人、告诫自己，我在新世纪大连美术创作研讨会上，提出了这样的观点："上一个世纪，大连美术人在国内外画坛创造了骄人的业绩，然而，这些已经成为过

去，成为历史，我们需要清醒地正视自我，从过去找出自信，从历史看到差距。当代艺术流派纷呈，多元共存，大连美术家不应盲从，需要理智，需要审视，需要清醒；当代美术群雄逐鹿，新人辈出，大连美术家不应懒惰，需要自信，需要追求，需要拼搏；当代美术竞争激烈，各领风骚，大连美术家不应沉默，需要完善自我，需要包装自我，需要展示自我；当代美术中西交融，信息万变，大连美术家不应该闭塞，需要交流，需要广纳百川，需要走出国门；当代美术市场异常活跃，精品名作报价不菲，大连美术家不应观望，需要开拓，需要参与，需要占领；当代艺术家身处商海，大连美术家不应该浮躁，需要执着，需要不受金钱诱惑。"这是我知天命之年的自我反思。

2001年，新世纪的思考

跨世纪，让每个人都会感觉到一种历史的沉重和责任的担当。艺博会连续举办三年，努力实现着既定的东北亚文化交流盛会的目标。举办艺博会的同时，我还策划举办了大型国际中国画邀请展，举办了"中国气派——中国画发展研讨会"，媒体以《大连打造中国气派》为题充分肯定了展会和展览为中国美术发展做出的特殊贡献；承办了全国首届水彩人物画展，出任评委；

主办了全国水彩名家邀请展；举办了杭鸣时粉画学术研究班。这一时期的美协有特别温馨和谐的生存环境，凡事都会得到领导的重视和支持。星海会展中心二期现代化的空间成为我们美协举办系列活动的展场，这里活动不断，展览不断。这是大连美术活动最频繁、最活跃的时期。

2004年，我着手策划了"感动大连——大连美术家作品回顾展"，三百余幅曾在中国美术发展史上产生影响的大连画家作品汇聚星海。在展览开篇，我亲自编写了有学术价值的综述部分，文图并茂，全面展示了大连画家的辉煌成果。大连市五大班子主要领导全部出席了隆重的开幕式，他们为展览而感动，整个城市为大连艺术家创造的辉煌感动，因此，市政府提出了拨款收藏计划。为扩大宣传，我用我的作品在市中心置换了一块一百平方米的户外楼体广告，这是大连美术展览史上空前的一块大型宣传广告。

我在这一时期有些工作狂倾向，有些犯傻，用全部身心为大连市美术发展操劳。为呼吁建立美术馆，我在政协会议上大声呼吁，在《大连日报》上发表文章触怒了某些人。这一段时期，我为工作付出得太多，对自己的艺术探索投入得太少，更忽略了对家庭的照顾，家中的大事小事全部留给了妻子承担。女儿六次大手术，我都没有陪她，全由妻子护理，为了儿子的事业，她也会不顾一切，竭尽全力。面对她的无私奉献，我从心底深深地敬佩她，感激她！为了工作，为了事业，我亏欠家人的太多。我明知对家庭而言，我很自私，可这种画迷、画痴的本性，这种视画如命的个性，常常使我执迷不悟、明知故犯、屡教不改，也使我不可自拔、无可救药。这也是我能坚持、能成功的原因。

作为一个艺术家，作为一届美协组织者，我对这座城市的责任尽到了！我实现了自己的"好大喜功，喜欢做事"的诺言。

"天路"——新的里程

"天路"开通，我有幸随大连市文艺界走进西藏考察。

西藏是我一直神往的地方，没想到机会会来得这么早，以往多次组团采风，总因工作琐事无法成行，这次说什么也不能错过。飞驰的列车像一条巨龙翻山越岭，带着憧憬和期待，不断改写着海拔表的数字，四千米、五千米……我被带进了神秘的西藏。走过"天路"，来到拉萨再听再唱《天路》时，心中便有了异样的感触，甚至难以自控，流出了激奋的眼泪。以往看别人画西藏也有震撼，但此次亲身体悟，这种震撼得到了进一步升华。高原、冻土、蓝天、白雪、寺院、毡房，原生态的民俗民风，让我对生活的痴情接近疯狂。我不停地用相机记录自己的感动，寻觅可以入画的感受，像孩子一样贪婪地吸吮带有酥油芳香的乳汁，心中产生了崇敬、苍茫、酸楚、神秘的遐想。正是此行激发我又重拾起扔掉二十年的画刀，在高原之巅完成了两幅有些生疏的油画写生《灵芝晚风》《晨光中的布达拉宫》，并重新找回了久违的感觉。这也许是人近花甲对自我艺术人生重新审视的自悟吧！我想起了妻子当年"到大连之后没有几幅大作，全是小品"的批评，开始思考自己今后艺术道路的取向，又一次把写生摆进日程作为常态，回到了多年前如痴如狂的写生状态，在生活中寻找到无数的感动。这些年每次有出去采风的机会，我都从不放过。我始终认为，相比较于走马观花用相机、手机拍素材，面对自然写生直接感受更会激发我的创作灵感。

二十年放弃写生的教训让我愧恨莫及，再拾写生找回年轻的活力，是我这一时期着迷于写生的理由。没有心灵与自然的直面沟通，你永远享受不到其中的快乐，更无法获取从生活到艺术的升华转换经验。少拍几个景、多画一幅画是我采风的原则，面对自然，写生过程获得的艺术信息及真情实感是照片无法比拟的。我和当年一样，一拿起画刀就会兴奋不已，只要有机会我肯定是完成数量最多、时间利用最好的那个。我想通过生活体验的积累，获取更多的创作营养，让创作灵感在艺术创作、艺术探索的进程中再迈出新的一步。

2006年，西藏采风

随团去四川采风，我会不顾大队人马下山，自己一个人留在山上画夕阳下的四姑娘山；会在海螺沟三号营地去二号营地一路拍照的行程中抓紧时间完成《海螺沟秋色》，又赶上队伍，参加活动；会在磨西镇晨起错把柠檬黄当作白色歪打正着地成功完成了《磨西晨辉》。每到一个场景，我都会找到兴奋点，都会快速而敏捷地找到无数生动的灵感，拍下许多可直接用于创作的素材。

随团去云贵，我巧动心计计算时间，在人们观山赏景的有限时间里，挤时间画《丽江古居》、画《碧塔海》；在石卡雪山已是悬冰横飞的主峰下厚厚的积雪中，画了油画《雪山牧场》，记录了我在海拔三千八百米之巅的感受与感动；在贵州千户苗寨，我在同行同道还沉睡于昨夜苗家转转酒的梦乡中时，已经早起完成了油画写生《苗家晨居》，还为创作《和风》搜集了充足的素材。随团八天

《古街夕照》 油画 2010年

2010年，高原写生

的观光行程我消灭了十块画布。

在参加"在风景中行走——中国水彩名家写生作品展"时，因起得太早，宾馆的大门没开，我伙同蒋振立先生跳窗而出，给这次婺源写生留下一段花絮。去宁波看第八届全国水彩展时，听说谷刚、林日惠、韩高路等带学生在周庄写生，我煽动两位同道打的士到周庄，借用画具画材冒雨完成了两幅油画写生。去俄罗斯看博物馆、美术馆时，我感受颇多、收获颇多，第一次见到细雨中的弗拉基米尔教堂让我兴奋得等不及再看更多的美景，便找了个能躲雨的位置，完成了油画《细雨中的教堂》。归国后我余兴未消，又依据同样的构图，创作了水彩《细雨中的教堂》等一批全开水彩作品。《细雨中的教堂》于2015年应邀入选了"百年华彩——中国水彩艺术研究展"，得到广泛的好评。这种从生活直接的感受激发出的创作冲动，更直接、更生动。离开俄罗

《有花的农家小院》 油画 2015年

2008年，圣彼得堡写生

斯前的最后一个早晨，在我们的强烈要求下，导游租了专车送我们到圣彼得堡涅瓦河畔。我们大连美术家一行八人列成横队，支起画具，连同行的书法家伦杰贤都画起了油画。晨风中教堂的雄姿严肃而神圣，那晨光灯光交错中的钟声更加让人荡气回肠，几位中国画家在异国写生作画，形成了一道别致而亮丽的风景。这是我们接纳西方绘画百年之后的自信。

　　油画会王嵬先生发起"回望城市原点——大连油画家烟台街（光辉巷）写生艺术行为"活动，我连夜由沈阳赶回大连参加。用写生表达对城市的一种尊重、一种责任、一种良知！没想到一次写生活动，竟保住了城市原点，保住了城市一段重要历史见证，活动被肯定为艺术家参政议政的成功范例。我这样如痴如狂地写生，同行者有人不理解，笑话我有现代化影像技术不用，又是这样的年纪，何苦。而我却认为，没有这样直面自然的对话，你不会获取真正的感动，更获取不到艺术升华的经验，也创作不出好的作品。这些生活的积累为我之后的艺术探索做了最好的储备。

　　2007年，我结束了十七年美协和美协秘书长的生涯，在临退休之前当选为大连市美协第六届主席团主席。做秘书长工作这些年，服务他人、奉献社会，我竭尽了全力，心中特别坦然。同时，我没有忘记自己的双重身份：做好组织者的同时，努力做一个成功的探索者、实践者、领跑者。我始终没有放弃一个画迷、画痴的追求，没有忘记自我艺术品质的提升，永不满足，不断攀登，不断超越自己，牢记"水涨船高"的道理；为赢得大连美术界的团结，我牢记家训"舍得舍得，有舍才有得"和"吃亏是

"福"的道理，我用事实证明了自己是一个希望我好、你好、大家都好的人。

放下秘书长的繁杂琐事，我如释重负，但那种对城市美术的责任担当没有改变，在新当选主席的讲话中，我向全市承诺要实现三大目标：一是主办一次全国性大展，二是举办大连市美术作品晋京展览，三是出版《大连现代美术图史》。

举办一次全国大展是1999年我在南京参加第九届全国美展学术研讨会时夸下的海口，我发言间，中国水彩画大师、百岁老人李剑晨来到会场，他对中国水彩的激情感动了我，因而在接下来的发言中我做出这一承诺。2007年11月，第八届全国水彩粉画展在大连如期举行，我担任展览组委会秘书长，出任展览评委。这是我在大连亲手操办的最后一次大型活动。当年大连没有展场，不具备接待条件，我们就精心设计在大连图书馆搭建展场。吴长江先生在开幕式上代表中国美协对大连圆满承办展览为中国美术

2007年，与黄铁山（右一）、蒋振立（右三）、刘亚平（右二）为第八届全国水彩粉画展评奖

做出的贡献，对大连画家能取得二十四幅作品入选、六幅作品获奖的优异成绩，对大连的美术阵容、美术创作，对大连的美术教育给予了极高的评价。第八届全国水彩粉画展是中国水彩百年展之后的第一个展览，大连为中国水彩发展做出了跨时代的重大贡献，"中国水彩下一个百年从大连起航"。同时还举办了大连水彩画回顾展，全面展示了大连水彩画发展的历史，得到专家学者的极高评价，奠定了大连"水彩之乡"的影响力。这次展览中，我的粉画《秋赋》作为评委作品参加展出。

然而，其他两件大事的实现就不再那么容易，几经努力却得不到应有的重视和支持，无法运筹帷幄，缺乏执行力，我的承诺变成泡影，这是我协会工作二十几年最后的遗憾……

2008年是最值得纪念的一年，世人瞩目的北京奥运会，我有幸成为全市美术界唯一一个代表担任了第二十七棒火炬手。举起沉甸甸的火炬，跑在人们瞩目的跑道上，历史的担子更加沉重。这一届奥运会我的收获最大，我获得了北京奥运会和亚特兰大奥运会两支火炬，那是因为我的水墨画《馨芳》应邀参加了国际奥林匹克美术大展被收藏所得的回报。这是对我艺术人生的鼓励、肯定、褒奖和鞭

2008年，担任北京奥运会火炬手

策,我更加深刻地反思我的过往,迫切地寻求开拓新的里程。

这一年我赴俄罗斯考察采风,瞻仰了早在印刷品上就让我崇拜的大师原作,从中汲取了丰厚的营养,正像同行的同道十分感慨所说的,"我们早来四十年那该多好"。此行尼古拉·费钦的《莱娥》、马利亚温的作品,给我的震撼最

2008年,在俄罗斯瞻仰大师作品

大、影响最深。

2009年对我来说是极其重要的一年。这是我走进花甲即将告别岗位的一年,所以我把为第十一届全国美展创作一幅好的作品,开启我艺术创作新的篇章放到了重要的日程上。和往常一样,在很多的创作素材中,我选定了《收牛毛的季节》。这是四川采风时在塔公小镇上的收获,异地风情的鲜活、牧民安逸祥和的生活,从第一次按动快门起,这幅作品的雏形就呈现在我的脑海里。我有目的地从各种角度收集到充分的素材,最后选用粉画形式完成了这幅作品。创作中,我对粉画技法进行广泛的尝试,充分发挥其独有的艺术魅力,注重人物形象的内心刻画,追求浓郁的民族风格,最终作品入选第十一届全国美展,刊登在2010年《美术》首期封二,又被选调参加"灵感高原——中国美术作品

展"并出国展出,这是作为祖国同龄人在花甲之年向祖国、向自己献上的一份厚礼,是经过冥思苦想之后对艺术人生的重新定位,是我艺术创作新的里程碑。

离开工作岗位,我获得身心的自由,彻底放松,创作的欲望和冲动得到了极大的释放。这一年是我艺术创作的特大丰收年,我对水彩花卉的探索更加深入,作品开幅、表现样式、语言形式、作品数量都有了极大的突破。重拾风景写生引发了我对水彩风景意象表现的极大兴趣,同时开始了几个系列的探讨与研究,完成了一大批得意之作。《雪域人家》入选上海国际水彩画双年展,在上海朱家角公开展出了一年时间。

《收牛毛的季节》虽取得成功,但我对自己的艺术表现语言并不十分满意,由于所获得的资料过于完美和粉画工具材料的限制,作品受细节所累,语言表达与一直追求的意象表现相违,有

2009年,创作《收牛毛的季节》

倒退的倾向。我给自己亮了黄牌，提出警示。在《和风》的创作过程中我有了更多的思考，努力从细节中解脱出来，摆脱物象的纠缠，注重个性语言的意象表现，在似与不似之间注重人物精神世界、肢体语言的宏观表达，营造出淳朴、热烈、祥和的风情氛围，和表现熟悉的黑土一样，注重克服他者的立场，不去猎奇，以自我存在的心态热情拥抱生活，关注人生，讴歌时代，用真情感受生命，用心灵善待生活。作品在第九届全国水彩粉画展中荣获优秀奖，2011年

2010年，与吴长江先生相聚在第九届中国水彩粉画展

2014年，辽宁省美术家代表团参加中国美术家协会第八次全国代表大会

被选调北京参加庆祝建党九十周年美展，2014年被选调北京参加"多彩贵州——中国美术作品展"。

《飘浮的云》是西藏采风的收获。我没有像以往的西藏题材创作那样把追求自然地域因素造成的落后状态、生存环境当成趣味去着重表达，没有以一个城市人的心态去面对简陋的生活方式，把民族习俗当成猎奇，而是以一个艺术家的视野对高原风情，对人们的精神世界、生命状态用真心拥抱，从改革开放发展旅游事业给西藏经济带来最大利益、从普通的生存状态入手，努力表现、关注人们的精神世界。《飘浮的云》中姑娘的心和世界相通，和时代相连。2011年，作品入选第二届全国粉画展，2012年被选调北京参加纪念毛泽东同志《在延安文艺座谈会上的讲话》发表七十周年美术作品展，同年作为特约作品参加辽宁省美术作品晋京展。一批新作多次往返于大连和北京、国内和国外之间展出。

2012年，与宋惠民（左二）、赵世杰（右一）在中国美术馆

这一时期我着重于粉画的研究与探索，还完成了《红土》《打青稞》等"西部风情"系列粉画作品，这与我在西南地区的多次深入生活和对民族风情的

2010年，黄铁山先生到家中做客

深刻理解所产生的创作热情、与当年创作《百子欢乐图》对民族民间风俗人情的深入研究有关。这一时期还完成了粉画《黑土腊月》《黑土欢歌》《北方的海》《酸辣香甜》等作品，体现出我对乡土的眷恋和关注。我曾跟随浩浩荡荡的赶海大军涉水十八里采风，为寻找对大海的那份感动，为《北方的海》系列准备了大量素材。

探索的路上我如迷如痴，对于艺术的追求我从未停下脚步，未敢松滞，不敢懈怠，一直在坚持，一直在探寻。2011年我随大连美术家一起开启法、意、瑞三国艺术之旅，继续寻求艺术真谛。这是一次艺术的洗礼，我目睹西方大师的原作，站在一幅幅久仰的大师名作之前，认真瞻仰每一幅作品，心灵有了新的震撼，获得了更多的感悟、思考。这一次，妻子放下繁杂的学校工作，挤时间与我同行。在艺术的世界里，我们找回了当年"画为媒"的感觉。当年，因为共同的爱好、共同的追求让我们走到一

2011年，与妻子巴黎留影

起，可她为了家、为了孩子，把路全让给了我，直到今天她还在为家庭操劳，全身心地为儿子创办的顶点学校竭尽全力，没白没黑地操劳着。在异国他乡，我越发感恩她的无私奉献和忘我付出，她难得能这样放下烦心琐事出来游览，整个旅程中都像个孩子一样开心。在连接时光通道的艺术长廊中，我们有了更多的共鸣，我们在久仰的大师名作前交流寻觅，在瑞士卢塞恩小镇细雨蒙蒙的路灯下，打着花伞、围着花头巾的她在我眼里，仿佛回到了青春的模样。

大队人马要登阿尔卑斯山踏雪，妻子不打算上山，于是我乘机留在了山脚下。我盘算着此行可能只有这么一点儿机会能完成我的实地写生计划，顾不得陪她，便自私地支起了画架。可惜异国的湖边太潮湿，本来图方便带的粉画工具完全派不上用场，只能叹息，瑞士的风景太美，美得让人画不出好画。

2011年，我年过花甲，却在意料之外当选为辽宁省美协副主席，并担任省水彩画会常务副主任。2013年，我荣幸地被中国美术家协会聘为第四届中国美术家协会水彩画艺委会委员，又荣幸地出席了第八届全国美代会，同年又获得地方技术职称的最高级别二级岗位。这些殊荣的获得虽没有让我像年轻时那么激动、那么兴奋，但对"天道酬勤"这四个字我有了新的品味。我出身卑微，没有学历，只有经历，靠无知无畏的精神闯荡天下，靠画痴、画迷的执着精神走到今天，当年沈延毅先生为我题写的"勤能补拙"四个字，真是先知先觉，如今想起来真是一语中的。

我常自嘲是个"杂家"，也有人笑谈我是个"混儿"。我的兴趣广泛，画种跨界宽泛，这为我艺术的发展积累了丰厚的养料，所以常常有了融汇东西、广泛涉猎的勇气；不是科班出身没有规矩可遵守，所以反倒可以更随意地打破既有，重开新路。我在广收博取中探索各种画种的技术技法，研究中外大师对物象转换的观念，追求形式美的现代语境，寻求各种表现手段，寻求艺术语境与内涵的相通，强化天人合一的境界。在自由与限制、守规与破矩中，我大胆广泛实践，成就了自我与众不同的艺术语汇。

我的创作路径是一个从早期客观再现慢慢步向意象表现的转换探索过程，经历了从怎么画到画什么，再到怎么画的漫长过程。生活之路的艰难、艺术之路的艰辛给我留下值得回味的记忆，恩爱情仇、苦辣酸甜记录了我的人生。2013年，当我被邀请荣归故里举办首次个展时，我在前言自语中这样写道："我感恩父母生我，让我与共和国同龄，让我成长在红旗下！感恩故土的滋养，让我受到民间艺术熏陶酷爱美术！感恩古城给了我有爱有恨的经历，让我有了坚定的意志、不屈的品格！感恩我所有的良

2013年，应邀回故乡举办个展

师益友，让我增长知识，学会做人的道理！感恩我的爱人、我的儿女对我的付出、理解和支持，让我实现了自己的梦想！我还要感恩大海的包容，感恩辽南广博的沃土，感恩自然，感恩生活，感恩社会，感恩大连这座城市，让我有了表演的舞台！"

"路漫漫其修远兮，吾将上下而求索"，我期待我那很多沉睡在速写本上的灵感和生活中不时激起的感动变成作品！我期待我的艺术探索不断进取，再有新的跨越！我更期待我的艺术探索精神得到延续、得到光大！

2015年7月17日，农历六月初二，在我这篇文稿即将收笔的日子，我迎来六十六周岁生日。我们一家人欢聚一堂，其乐融融。从我和妻子相遇相爱，结婚生子，到今天女儿女婿、儿子儿媳、外孙孙女孙子围坐了满满一桌，看到一家人的笑脸，我真是分外满足。当外孙和孙女帮我吹生日蜡烛那一瞬间，我感觉到我老了，但心中却满是幸福！外孙今年八岁，为我特别画了生日贺卡，图画设计得体，拙朴童真。孙女只有三岁，看到哥哥送的贺卡很着急，把蛋糕店赠送的寿星帽子翻过来，认真地在上边涂画了半天送给我，这些不认识的天书，也许只有我能读得懂……孙子未满周岁，却也会在大家唱《生日歌》时跟着晃来晃去，拍起小手……他们是我的宝贝，是我未来的希望！

2015年，孙子周岁，全家福

慧眼识珠

在当今商品社会和艺术潮流之中,艺术家保持清醒的头脑,沉着应对种种奇异因素,在平心静气和积极的细查审视中,不畏艰辛、不懈努力地走自己的路,是十分可贵的。我想高志华是会继续沿着这条艺术创造之路奋发向前的。

深情的观照　心灵的融注
—— 评高志华的艺术心境

○ 吴长江

高志华素来对自己有"杂家"之说，这一说法根源于他对自己作品题材多样和所用画种多变的自我笑谈。

的确如此，高志华的艺术创作题材非常广泛，对油画、年画、国画、水彩等很多画种也都有涉猎，各画种的作品都有给人留下深刻印象的成功之作，作品多见于全国各种展览、书刊并多次获奖。不同时期的作品所呈现出的是他不同心灵历程下的艺术感悟和审美追求。在当下造型艺术风格纷繁的领域里，更多数的画家往往只关注和研究自己所从事的某一画种的语言方式和形式表达，甚至只选择某一题材、某一物象专门经营。而高志华却不然，他反对艺术创作中的"圈地运动"，一直把自己放在一个大的艺术环境中，在学习研究东西方文化的理解过程中，广泛涉猎，寻求自我的独特感受，并为这些感受寻找着适合于它们的独特的阐述语言，并由此在广泛涉猎、兼容并蓄的探讨过程中，找到了属于他自己的由若干种艺术因子组合而成的理想家园。也因此，他的艺术创作可以用"杂"来形容，但细品深究后我们便会发现，在所有的"杂"和所有的不同的领地，都有一个相同点贯穿始终，那就是他一直秉承着的不守陈规、敢于探索的执着艺术精神。

近几年，高志华又着迷于粉画的研究与探索，一批数量可观的粉画作品相继面世。这些反映现实、讴歌时代、内涵深刻、技法日趋成熟的粉画新作，给人留下了鲜活的印象。《收牛毛的季节》《和风》《飘浮的云》《红土》《打青稞》展现的是他多次深入西南少数民族地区后，对民族风情的深刻理解和对少数民族现实生活的深刻感悟，而《北方的海》《黑土腊月》等则是他对身边熟悉的黑土地、熟悉的家乡生活的深情眷恋和关注。他曾在自己的文章中表示"有责任立足本土，表现自己熟悉的生活"，这在他的早期油画作品《绿的萌动》《金色的梦》《山里娃》和年画《幸福曲》《幸福赛》中都得到了体现，每幅作品都表露了他对朝夕相处的父老乡亲的挚爱真情和对自己辽南故土的情重意深。而如今这种深情似乎又被扩大和深化了，在这批表现异乡风情的新作中，我们也同样看到了如同于对待故土乡亲那般的深厚情意，多角度地表露出他对生活的挚爱和对生命、生存意义的观照，对生活、生存意义的深层、深刻体悟。在或强悍粗犷或秀美的人物塑造中所流溢着的是生命的激情和豁达的人文精神。而这种对生活、生存的关注和对人生、人文的思考解读及表达，实际上是从最初就一直贯穿在他的创作中的，这些早在其20世纪80年代创作的油画《酸辣香甜》中便已有过集中表现。

高志华生长在有着深厚文化滋养的辽南大地，在这片多元文化交融并存的土地上，民俗民风的丰富多彩使他获取了丰厚的艺术营养，这对他的艺术创作和发展一直产生着深远的影响。二十几年的基层文化工作中，他在辅导他人、甘为人梯的同时，利用工作之便广交良师益友，在迎来送往的过程中完善自我、丰富自我。正是作为这样一个植根于乡土、成长于基层的草根画家，他才会对生活意义有深刻体验，才会有贴近生活、洞察民意、充满生机的艺术真挚表达，也正因此，才使其拥有不断推陈出新的勇气和广阔的发展空间。

生活给予每个人不同的人生际遇，悲喜参半，忧乐交加，它给予高志华的亦然。这些丰富而充满艰辛，甚至也包含不幸的生活经历，却丝毫未曾流露在其作品中，这些作品始终呈现给我们的是一种豁达、乐观、积极向上的人生态度，及"己所不欲，勿施于人"的东方哲学境界。他对艺术的挚爱和真诚几乎达到了如痴如醉的程度，从来没有怀疑和放弃过自己的艺术追求和信念。无论处境如何艰难困苦或是怎样得意顺遂，他的信念始终如一、坚定不移，始终怀着一颗虔诚的心去探索，去追求，在他那里，逆境和坎坷成为锤炼、洗礼自我的精神财富和智力支持。四十年来他一直坚持野外写生，在大自然中寻求"外师造化"，就连随团旅行也从不放过会议间隙，早些年他随县领导集体"拉练"去农村视察，竟会违纪私自离队画上一幅写生之后再寻机归队；几次出国他也从没放弃机会，在他的鼓动和组织下，十几位同道在涅瓦河畔支起画架、举起画笔，在大师之国"班门弄斧"。为了《北方的海》的创作，他曾跟随浩浩荡荡的赶海大军涉水海路十八里，只为捕捉住心目中最理想的北方大海的最磅礴、最动人的一瞬间；在阿尔卑斯山、青藏高原、石卡雪山也都留下了他雪地写生作画的记忆。正是这种真诚和执着，感动了生活和艺术之神，恩赐给了他一次又一次创作的灵感与冲动，令他完成了一幅又一幅发自内心、来自生活的力作。

他的作品，无论是人物、风景还是花卉、静物，更多关注的是人在与自然抗争及和谐共存过程中所表现出的生命意志、生存智慧，更多展现的是在生活的精神启迪中，穿越生活表象、物象表象、景物表象、视觉表象，对自然和生活中积淀起的文化性格——勤劳、豁达、坚韧、昂扬、粗犷、豪放、乐观等精神品质的关注，是对精神力量的礼赞。作品中没有造作和装腔作势，没有无病呻吟，而完全是自我精神与心灵的自然流露。

无论是表现异地风情，还是描绘故土家园，他都没有半点儿站在"他者"的角度，而是完全以一个自我存在的心态，用真情拥抱生活、拥抱自然、拥抱万物，真心地寻求精神的解读，努力表现历史与现实的审美经验、审美意象；没有将因为历史地域、自然因素造成的落后生活状态、生存样式进行简单的表象再现；没有将简陋的生活方式、民族风俗当成猎奇对象；没有将因宗教信仰、风俗习惯的不同而存在的生活表象津津乐道地记录；没有站在城市立场以怀旧情绪进行艺术资源的掠夺，把生活方式的简陋当成粗犷雄放的美学趣味去表现。他是以一个艺术家的心态和责任审视苍茫厚重的北国沃土、神圣雄浑的高原风情，在改革开放的社会转型大背景下，他感受各民族的审美、情趣和心灵变迁，体悟与思索经济建设、制度变革给社会和生活带来的精神变化的时代特征，以当代视角审视解读现实，以艺术家的善良和真情感受生命，用心灵善待生活，以艺术家的担当经营自己的和人民的艺术。

纵观高志华的创作路径，是一个从早期客观再现慢慢步向意象表现的转换探索过程。在广涉博取中，在尝试多种材料、探索各种技法、寻求多种手段的锤炼过程中，他自主吸纳营养，寻求造型艺术原理与内涵的相通，从而逐渐清晰了自我的发展基调。有较长一段时间，他用现代东方人的视角审视中西绘画，在水彩中探求东方神韵存在的可能，同时也在水墨中融会水彩要素的手法，索性打破了中国水墨与西洋水彩的界限，打破了油画布、水彩纸与宣纸的限制，打破了水彩透明颜料、国画矿物质颜料，甚至粉彩、丙烯颜料、油彩的限制，进行水墨与水彩的对话，以色为墨，以墨为色，选取各自所长，开拓共同媒介——水的潜能，努力发挥东方绘画用水的优势，发挥东方用水之妙，吸取西方用色之道，取中外大师对物象转换之观念，强化"天人合一"的境界，来追求形式美的现代语境，开拓地域风格和自己个性语言的锤炼，写心中之象，随笔墨技法神游于天地万象的生命状态之中扮水墨与水彩的红娘，在融合两者的过程中求其共性与特性之包容并存，在自由与限制、守规与破矩中心境放飞，在广泛尝试的实践中，寻求东西方技法相互外延、相互包含的可能性，从而成就了自己与众不同的艺术语汇，形成一种兼容东西的"中国精神"。这一探索过程使他在追求东渐西纳的发展道路上走出了可喜的一步。他的水彩水墨作品《黑土故事》《黑土欢歌》《听雨》《晓露》《有阳光的森林》《细雨中的教堂》都同时具有大写意的意境、泼彩的酣畅、民俗的艳丽、文人的清雅，共存的是他心灵的融注。

　　高志华曾经这样自我描述："我是一个画迷，是一个画痴，是一个好大喜功、喜欢做事的人，是一个希望我好、你好、大家都好的人。"几十年的创作实践和担任组织工作中，他自觉地担当、肩负着美术发展的责任，用自己的热情和成就影响和带动着身边的人，令大连这座美丽的海滨城市的美术创作出现了群峰迭起、厚积薄发的喜人景观，一支团结奋进的美术群体活跃在中国画坛。特别值得一提的是，这里的水彩、粉画成果斐然，成为全国历届展览中一道亮丽的风景，成为全国水彩、粉画发展的重点城市之一，被誉为"水彩画、粉画之乡"，为中国水彩、粉画的发展推波助澜，做出了贡献。

　　看过他很多未能完成的创作草图，我相信他在不断完成这些作品的过程中，还会有更大的进步，期待他更多的好作品问世。

（作者系中国美术家协会常务副主席、中央美术学院教授）

勤耕博采、敢于跨界的探索者
——我看高志华的艺术之路

○ 宋惠民

1979年春,辽宁省群文美术组长学习班在丹东大孤山举办,为期一个月进行风景写生,我应邀带班。这个班非同小可,学员中不乏精英,其中有不少鲁美高才生。他们中不少成为全省美术创作的骨干,高志华便是其中之一。

勤奋、好学、刻苦是我对他的最初印象。我们每天早起晚睡,他每天总紧随着我,善于思考、善于提出问题。白天我们一起写生,晚上讲课评画。他当年带的仿苏式画箱很亮眼。他画得多,时间利用得最好,所以进步很快。

那年秋天,我们相约去盖州赤山写生,他率文化馆美术组全体陪我进山。那次我收获很大,我的不少出版作品素材都出自盖州。美术组给我的印象很深,他们团结、上进、富有朝气,晚上时常拿我的画临摹,那种对艺术的虔诚实在让人感动。

第二年春天,我们约好到熊岳画梨花,我为给人民大会堂创作的《鞍钢的早晨》收集素材。他调集了二十多位盖州学子一起参与。从几天的写生中我感受到这里浓郁的美术氛围,这里不少人后来都成为鲁美的学生。结束梨花写生后，他邀我去盖州给他的弟子做讲座，没想到有近百人听课。我看到了他对艺术的真诚与担当，看到了他的组织带动能力。

我去他家不足二十平方米的小屋做客，见到了他的爱人和女儿，看到他们生活的艰难境遇，我有了更多的感慨。高志华能一直坚持画画真的太不容易了！他的爱人更不容易！她的支持和付出真是太伟大了！

高志华常常因为没进美院深感遗憾，但我以为，他只不过因为特殊年代没有取得正规文凭而已，在我们眼里，他是我们最优秀的学生，我一直在关注他的成长和进步。

1981年，他的油画《金色的梦》在辽宁省美展上展出，我看到一种崭新的面貌，看出这是他在赤山写生的收获。在大家都沉迷于写实绘画、追崇伊维尔技法的当年，他已经在探索的路上迈出了坚实的第一步。他的作品打破真实空间的描绘，对艺术节奏感的表现有刻意追求，具有装饰构成意味，抒情感人，富有诗意和浪漫。在这种大胆尝试中，我感到了一个年轻人的聪慧和活力。

辽宁小幅油画展在中国油画发展进程中有着重要的影响，他的《酸辣香甜》在展览中以一种别致的视觉传达方式引起广泛关注，被全国六家报刊登载，这在当年是最高的褒奖。作品把朝鲜族的生活浓缩成极具感染力的画面，立意深刻，表现独到，具有超前的探索精神和创新意识。作品充分发挥出油画色彩语言的感染力，语言单纯、精练，反映出一个年轻画家勤于思考、善于开拓的艺术气质。

之后一个时期，他的油画作品比较少见，多画种的试验性作品却常常让人耳目一新。他的艺术探索出现多元格局，好像对什么都感兴趣，什么题材、体裁、形式、工具、材料、风格、样式、观念都敢大胆尝试。在他那儿，几乎什么都可以画画，而画出来就开出另一番天地。他用工笔重彩成功完成了难度极大的年画《百子欢乐图》；用擦笔水彩成功地完成了年画《幸福曲》《幸福赛》；用水墨绘制了《唱晚》《馨》等一大批国画作品；创作了版画《同路》；用丙烯颜料创作了《绿的萌动》《听雨》等。近十几年又看到他大量的水彩作品：人物系列的《黑土故事》《黑土欢歌》，花卉系列的《晓露》《情愫》，风景系列的《雪域人家》《细雨中的教堂》，抽象表现作品《今宵》等。这几年又看到他的一批关注生活、富有感染力的粉画作品，如《收牛毛的季节》《和风》《飘浮的云》等。他自嘲是"杂家"，也正是这种勤于思考的大胆涉猎，不断尝试的"杂家"力量，不拘一格、无拘无束的放纵状态，实现了他从早期的写实再现一步步地向意象表现的转换过程。他在广涉博采中，在研究中外大师的成功经验中，拆掉了东西方文化观念界定的篱笆，找到了中西绘画观念互补、互融、相依存的理由。他打破了中国画与西洋画的界限，打破画布、宣纸、水彩纸的限定，打破了透明、半透明、矿物质、色粉、丙烯颜料甚至油画颜料的限制，在不断试验中积累了丰富的经验，形成与众不同、独具个性的语汇特征，成为艺术发展的探索者、敢于跨界的成功者。

从我认识他开始，他一直对深入生活的风景写生抱有极大兴趣，达到了如痴如醉的程度，至今依然如此。他艺术的不断进步，靠的就是不断深入生活、不断写生积蓄的营养，正是这些让他获取一次次创作的冲动、一次次勤耕善变的自信、一次次成功的爆发力。去年他来到我的工作室，拿来了他准备出版的《在风景中行走》画册的书稿，我给他提出很好的建议。我看到了他近几年在俄罗斯，瑞士，中国的西藏、四川、江西等国家和地区的油画、水彩、粉画写生作品。他一直坚持把深入生活实地采风、面对大自然写生、学习中外美术的成功经验作为他继续前行的必修功课。难怪他的作品一直保持鲜活的生命力，视角敏锐，感受深刻，豪情奔放，充满青春活力。这是"外师造化，中得心源"的结果，是他几十年的修炼和体悟的结晶。

　　他的早期作品带有浓郁的乡情，这是对乡土的深情眷恋；中期作品极具试验性，是对中西绘画之间寻求融合大胆跨界的探索。如今他的关注面扩展得更宽更广，他运用自己独特的语言叙述对生活、对生命意义的所感所思。他的作品有风格、有内涵、有深度，是一种融合后的东方品格。

　　他在艺术探索中是一个永不满足的人，尽管他的生活际遇、艺术路径经历过坎坷和逆境的考验，经历过压力的锤炼、繁杂琐事的干扰，但他却依然能坦然面对，从容应变，始终显露出一种豁达、向上、积极的人生态度。他成不招摇，败不气馁，诚实做人，不安分作画。他信奉"吃亏是福"的人生道理和"舍得舍得，有舍才有得"的家训，在奉献社会、服务他人的同时，实现自我目标。他敢于担当，以无私的奉献精神，团结带动着身边的人一路前行。

　　高志华的艺术之路验证了"天道酬勤"的道理，期待他在勤耕深思、广聚博采的探索路上有更丰厚的收获！

　　　　（作者系中国美术家协会油画艺委会副主任、中国油画学会副会长、鲁迅美术学院名誉院长）

扬帆破浪正当时

○ 吴云华

我与志华相识甚早。在长达四十余年的岁月里，我近距离地目睹他的美术创作足迹，这是由写实到写意到写心锐意前行的漫长历程，是一条坚韧的充满着苦辣酸甜的艰难之路。他的画如其人，正是由于他对艺术事业如痴如狂的意志、过人的胆识与宽博的胸襟、对自然和人的大爱之德，成就了他今日的成功与收获，形成了他品正格高、独具鲜明个性魅力的绘画面貌。只要我们用心来展读、品味、徜徉于他的由油画、中国画、水彩画、年画、粉画等作品汇集的绘画长廊之中，我们会即刻感受到一缕缕阳光充溢、激情奔涌、时空纵横、张弛有度的大美之气扑面而来。他将宏大的情怀寓于作品的整体构思之中，将人生体味、生命感悟和对文化精神的坚守融入绘画的灵魂之中。在当今文化艺术派别林立、群芳争艳、嬗变未测之际，能使自己的作品闪烁出鼓舞人、感染人，给人一种健康向上正能量的文化意绪之美，实为难能可贵。

明晰艺术创作的本质，掌握审美要素即对所要表现形象整体组织结构的寻找、对节奏及韵律感等基本要素的运用，是作品生命力和成功的保障。志华在长期的艺术创作实践中一步步前行，能近距离地触摸艺术创作的至理、大道，牢牢把握作品的美感，亦对形式美、抽象意趣进行推敲。他面对丰富鲜活的具体形象能剥离其表象直抵形的构成、线的组合、块面的设计、色彩的搭配和呼应等。他将水分的干湿、浓淡，用笔的藏露、疾涩，点线面的长短、大小、疏密等阴阳关系，对比而又统一于画面中，构成一个完满的空间形式，将各种元素共同纠缠交织，产生上下左右四面散发、扩张的图式效果。他的作品在平面的画布、画纸上凝固成宇宙人生神秘莫测的意象比拟，更具形而上的哲学审美意义，使人享受到一种情酣神畅的大自在之感，大有"这个世界我来了"的逼人气概，在水彩画《腊月》《清韵》《雪梦》《海之韵》等系列中都有酣畅淋漓的倾泻，在《馨梦》系列中，偶然与自然、随情与控制达到了随心所欲但又恰到好处的境地。在《紫气东来》中，想象性因素为画面时空的展延和辉煌色彩意境的营造起到了决定性的作用。

　　志华作品中所蕴含着的这种意象美感和抽象意趣并非是下意识的游戏和偶然的碰撞所为，如果没有锐利的观察力和对生命意识的敏感反应，缺乏丰富的生活阅历和熟练的造型功力，是不能获取的。这一点，吴冠中先生阐述得十分明确，他说："一种语言形式不仅是将个人褒贬自觉不自觉地蕴含其中，而是也悄然露出一个时期的社会文化心理和文艺思潮，乃至一个时代审美趋势的变迁与形成。"可见，作品形式语言的内核依然是作者的灵魂所在。他的《黑土腊月》《黑土欢歌》《黑土故事》等水彩作品中所释放出浓郁的乡愁情怀使我们感到，无论走到哪里，处于任何境遇中，他始终眷恋着生于斯、长于斯的乡土。黑土大地给了他无限的创作灵感，这里的亲情培育了他热烈饱满的创作激情，丰富的生活积淀、鲜活的草根能量是他艺术创作的源泉和深层文化精神的支撑点，因此他的作品是紧密地连接着地气的。

志华的作品今日所呈现的意象和抽象意味的形式面貌，是他长期艰苦觅寻、融合中西文化艺术精华、广泛涉猎多种绘画种类、研究尝试其性能特点而逐渐走向成熟的体现，是顺其自身审美理念和文化精神不断提升的自然演进。在他早期写实画风的油画《酸辣香甜》、水彩画《秋日无声》等作品中已显露出他潜在的意象感悟和追求抽象意趣及形式美感的自觉。正因为他对艺术形式美感和个性风格语言的高度敏感及天生的浪漫诗性的色彩感觉，使他能牢牢地把握住造型艺术的灵魂，进而与现代审美趋势相契合。西方的塞尚、马蒂斯、毕加索等大师与东方的齐白石、黄宾虹、林风眠、赵无极等大师都从写实绘画中走过来，又更艰难地走出这条路，探寻自我的感受和形式美的规律，从认真地模拟客观对象到自由地表现主观意象，"外师造化、中得心源"是必由之路。这条艰巨的路似乎很遥远，但有时又近在咫尺。这里需要的是艺术家的悟性和果敢的判断。志华如今已通向自由之路并已尝到了甜头，相信他会在这条无限广阔、永无止境的艺术探寻之路上走得更加自信坚定。正是：历尽磨砺见彩虹，破浪扬帆正当时。

（作者系中国美术家协会理事、中国油画学会理事、著名油画家）

春华秋实

我的作品里没有太多的隐喻与晦涩，没有矫揉造作的影子，更绝少批判性，而是用我的一颗爱心将美表达得真真切切。

作品展示

话晚年　水彩　1978年
尺寸：110cm×170cm
《人民日报》刊登

金色的梦　油画　1980年
尺寸：90cm×160cm
《人民中国》画报刊登

端午 油画 1983年
尺寸：60cm×60cm

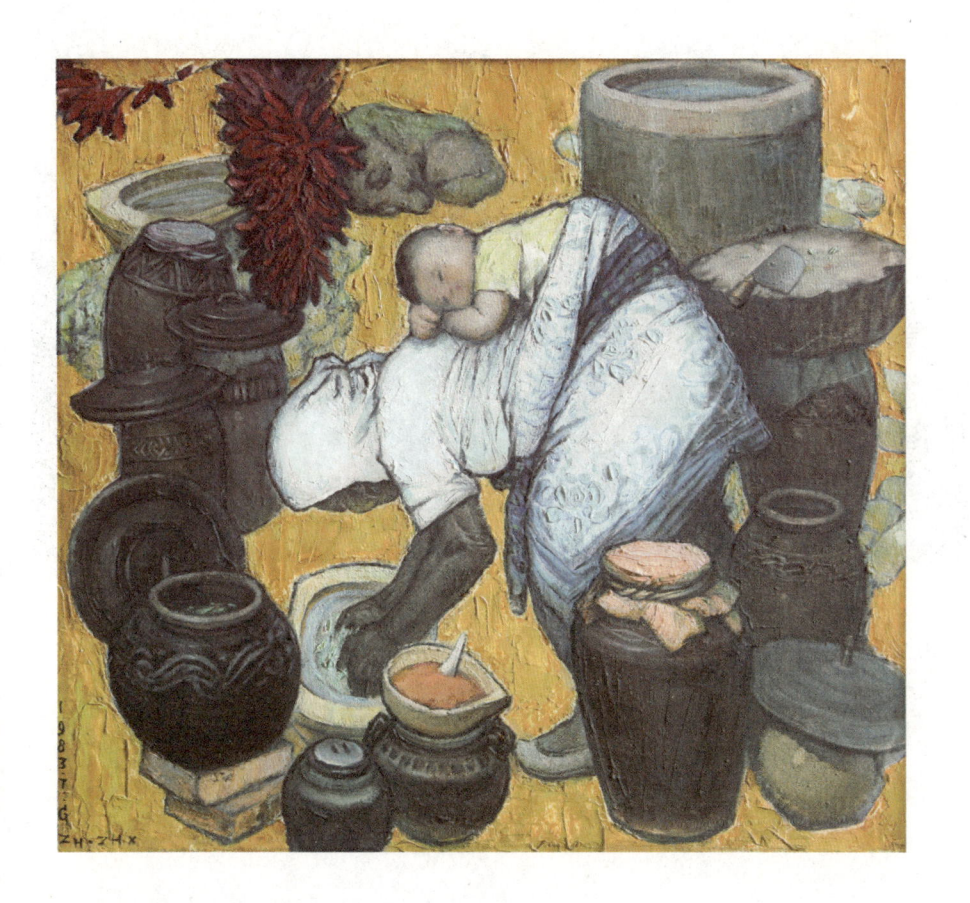

酸辣香甜　油画　1983年

尺寸：60cm×60cm

入选辽宁小幅油画晋京展，被《中国油画》等六家报刊刊登

山里娃　油画　1982—1991年
尺寸：110cm×170cm

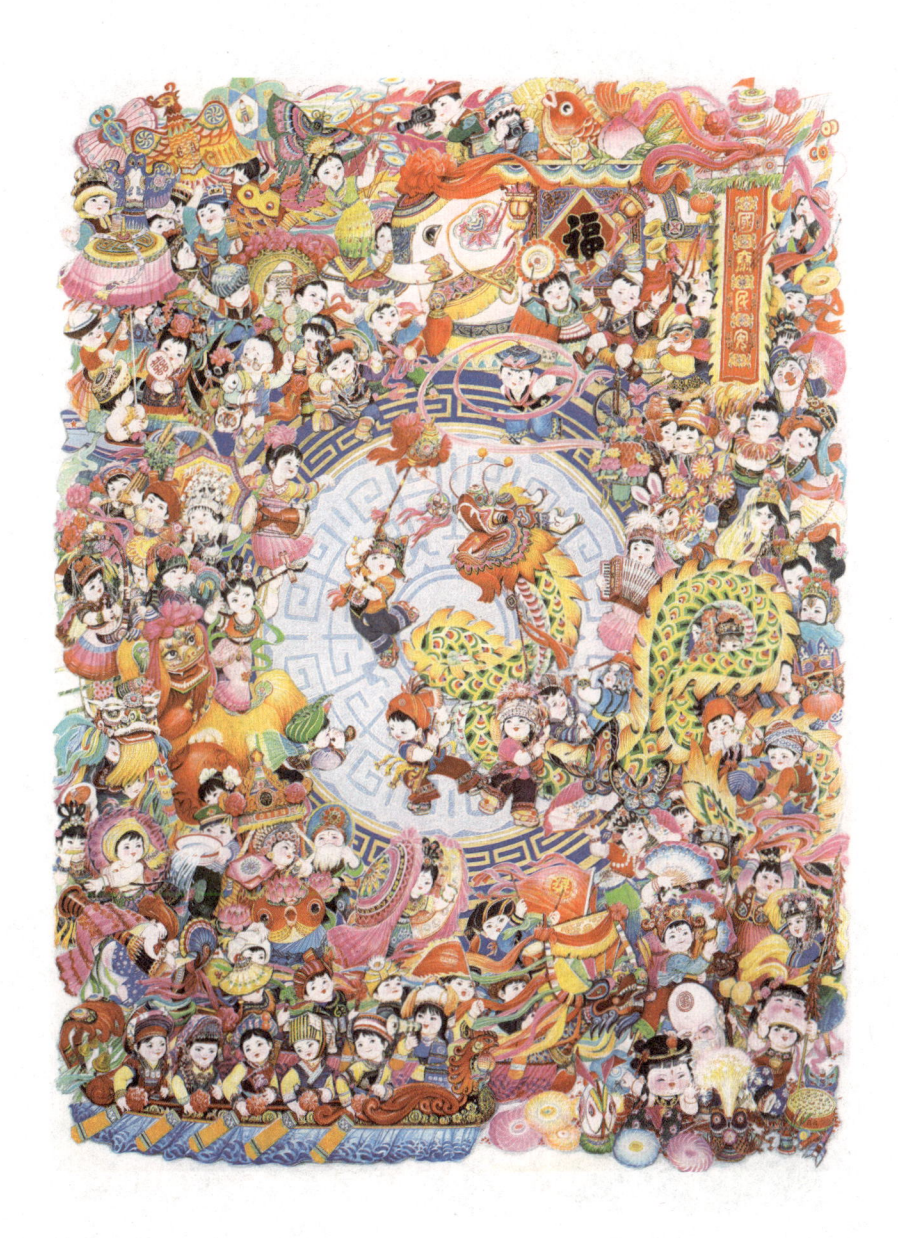

百子欢乐图 年画 1988年

尺寸：210cm×170cm

与张万臣合作，获第四届全国年画评奖二等奖，参加文化部中国年画出国巡展，入编《中国现代美术全集·年画卷》

幸福曲　年画　1989年
尺寸：120cm×80cm
获第七届全国美展铜奖，入编《中国现代美术全集·年画卷》

幸福赛　年画　1992年

尺寸：120cm×190cm

获第五届全国年画评奖一等奖，入编《中国现代美术全集·年画卷》

黑土欢歌　水彩　2002年
尺寸：150cm×150cm
发表于《水彩艺术》，入编《中国水彩画名家作品集Ⅱ》

黑土故事　水彩　1999年

尺寸：150cm×160cm

首届全国水彩人物画展评委作品，获第六届全国水彩粉画展优秀奖，发表于《美术》《水彩艺术》，入选中国百年水彩画展

黑土欢歌 粉画 2011年
尺寸：106cm×103cm

收牛毛的季节　粉画　2009年
尺寸：150cm×120cm
2009年入选第十一届全国美术作品展，发表在《美术》首期封二和《新华文摘》，2010年被提名参加"灵感高原——中国美术作品展"并出国巡展，入编《影响中国美术发展之水彩篇》

红土　粉画　2010年
尺寸：120cm×150cm

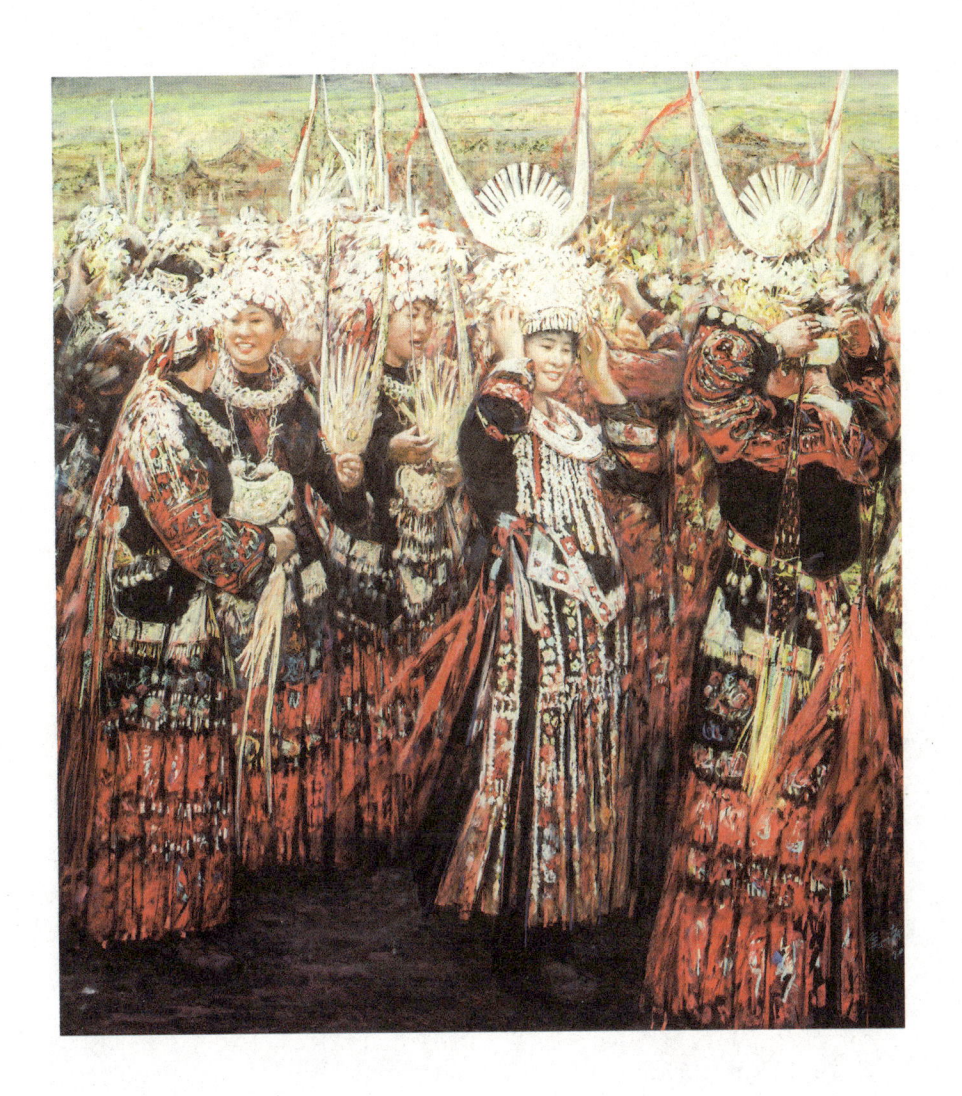

和风 粉画 2010年
尺寸：150cm×150cm
获第九届全国水彩粉画展优秀奖，2011年被提名参加庆祝建党九十周年全国美展，2014年被提名参加"多彩贵州——中国美术作品展"，入编《影响中国美术发展之水彩篇》

黑土腊月　粉画　2011年
尺寸：150cm×150cm
辽宁省美展评委作品

飘浮的云　粉画　2010年

尺寸：150cm×150cm

2011年入选第二届全国粉画展，2012年被提名参加纪念毛泽东同志《在延安文艺座谈会上的讲话》发表七十周年美展，2012年特邀参加辽宁省美术晋京展，发表于《美术》

打青稞　粉画　2015年
尺寸：150cm×150cm

北方的海·满潮　粉画　2013年
尺寸：150cm×150cm

秋日无声　水彩　1995年
尺寸：105cm×78cm
入选首届全国水彩画艺术展

绿的萌动　油画　1994年
尺寸：180cm×180cm
入选第八届全国美展

秋韵　水彩　1997年
尺寸：54cm×50cm
获首届全国小幅水彩画展优秀奖

国色　水彩　1997年
尺寸：80cm×60cm
入选第五届全国水彩粉画展，发表于《水彩艺术》封面

情愫　水彩　1997年
尺寸：54cm×50cm
入选文化部中国水彩画出国展、第十二届全国新人新作展，发表于《美术》《新华文摘》

国华竞芳菲 水彩 1997年
尺寸：80cm×60cm
入编《中国现代美术全集·水彩卷》

槐香时节　水彩　1998年
尺寸：122cm×290cm
大连市政府会见厅陈列作品

晓露 水彩 1997年
尺寸：78cm×110cm
入选第四届全国水彩粉画展，发表于《水彩画册》封面

馨 彩墨 2003年
尺寸：197cm×173cm
入选第二届全国中国画展、国际奥林匹克美术大展并被收藏

晨风　水彩　2004年
尺寸：120cm×120cm
入选第十届全国美术作品展

馨梦之二　水彩　2005年
尺寸：76cm×56cm
入选第七届全国水彩粉画展，入编《中国水彩画名家作品集》

馨梦之六　水彩　2008年
尺寸：76cm×56cm
入编《影响中国美术发展之水彩篇》

听雨　水彩　2005年
尺寸：200cm×160cm
获辽宁省美展铜奖，入编《中国水彩画名家作品集Ⅱ》

秋赋　粉画　2007年
尺寸：100cm×78cm
第八届全国水彩粉画展评委作品

紫气 水彩 2008年
尺寸：78cm×110cm
入编《影响中国美术发展之水彩篇》

不染　水彩　2009年
尺寸：78cm×110cm
入编《影响中国美术发展之水彩篇》

良宵 水彩 1988年
尺寸：54cm×54cm

月儿朦胧 水彩 1992年
尺寸：50cm×75cm
发表于《美术》，入选第七届全国水彩画展

温馨的土地　水彩　1992年
尺寸：45cm×78cm
入选第十二届全国新人新作展

今宵　水彩　1996年
尺寸：78cm×110cm
入选第九届全国美展，获东北三省水彩画联展金奖，发表于《美术大观》

雪梦　水彩　2005年
尺寸：56cm×76cm
获辽宁省美展铜奖

晨歌 水彩 2008年
尺寸：56cm×76cm
发表于《水彩艺术》

双桥沟盛秋　水彩　2009年
尺寸：78cm×110cm
2015年入选"墨彩情致——全国当代水彩画名家作品展"

海螺沟秋色　水彩　2009年
尺寸：78cm×110cm
2015年应邀参加东北当代水彩画名家作品展，入编《影响中国美术发展之水彩篇》

贡嘎春歌　水彩　2009年
尺寸：78cm×110cm
2015年应邀参加"墨彩情致——全国当代水彩画名家作品展"，入编《影响中国美术发展之水彩篇》

雪域人家　水彩　2009年
尺寸：78cm×110cm
入选首届上海国际水彩画双年展，入编《中国当代水彩名家作品集》

有红叶的森林　水彩　2009年
尺寸：110cm×78cm
入编《中国水彩画名家作品集Ⅱ》

有阳光的森林　水彩　2009年
尺寸：110cm×78cm
入编《影响中国美术发展之水彩篇》

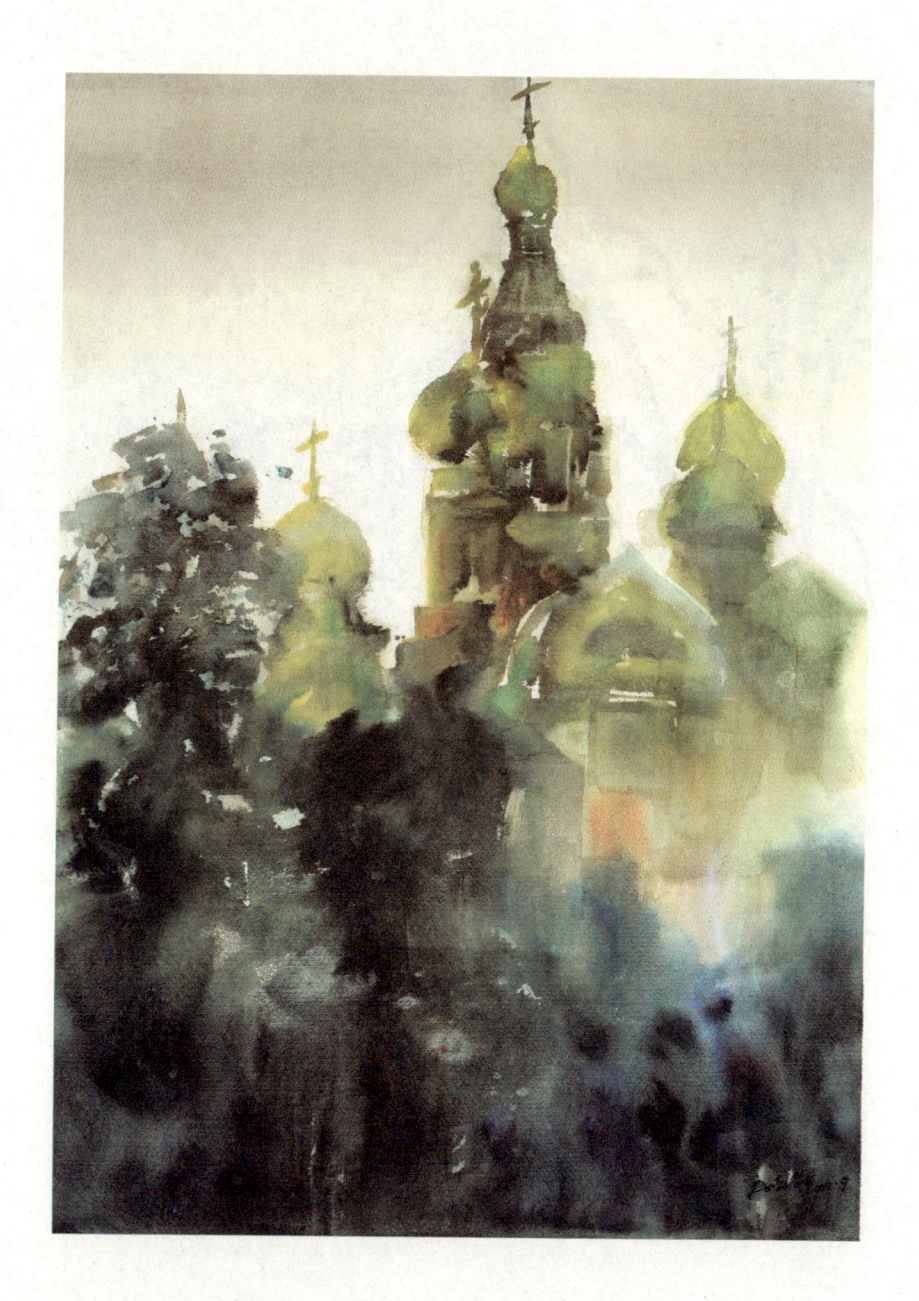

晨钟　水彩　2010年
尺寸：110cm×78cm

细雨中的教堂 水彩 2010年
尺寸：110cm×78cm
2015年入选"百年华彩——中国水彩艺术研究展"，入编《影响中国美术发展之水彩篇》

艺术年表

1949年　出生于辽宁省盖州市九寨镇新寨子村。

1965年　报考鲁美附中，考入营口市熊岳高级中学。

1968年　"文革"中失学，还乡务农。

1969年　入营口师范文艺班，率六名同学开创美术班。

1970年　放弃留校机遇回故乡中学任教。

1971年　创作宣传画《农业的出路在于机械化》并因此出席辽宁省美术创作草图观摩会，后调入盖县（今盖州）文化馆工作。

1978年　《不减当年》参加辽宁省新长征美展。
　　　　创作《话晚年》《夜深》，参加中国美协东北、华北美术作品草图观摩会。

1979年　水彩画《话晚年》参加辽宁省美展，《人民日报》刊登发表。

参加辽宁省群文美术组长学习班，师从宋惠民等教授，于大孤山写生。

与宋惠民先生于盖州赤山秋季写生。

1980年　成为辽宁省美术家协会会员。

与宋惠民先生于盖州陈屯梨花写生。

油画《摇篮曲》参加辽宁省青年美展。

1981年　油画《金色的梦》参加辽宁省美展。

与吴云华先生于营口鲅鱼圈写生。

策划组织盖县风筝赛会，被中央电视台、辽宁电视台采访报道，盖州成为全国风筝之乡。

1982年　与吴云华先生于盖州老牧场春季写生。

1983年　油画《酸辣香甜》参加辽宁小幅油画晋京展，《中国油画》《新观察》《辽宁画报》等六家国内报刊刊登发表。

策划举办辰州书画展，沈延毅、詹建俊等百余同乡中秋雅集故里，为盖州成为书画之乡奠定了基础。

1984年　油画《春风正催》参加"啊！东北"油画展。

1985年　任辰州书画院院长。

1987年　破格晋升为国家二级美术师。

1988年　策划组织辰州扇面画展，由文化部推选赴多国展出。

国画扇面六幅入选展览。

年画《百子欢乐图》在第四届全国年画评奖中获二等奖。

《百子欢乐图》《吉祥四季》参加中国现代年画展，赴多国展览。

1989年　参加全国第二届年画创研班，师从沈家琳、冯真教授。

年画《幸福曲》获第七届全国美展铜奖。

年画《百子欢乐图》参加第七届全国美展。

1990年　成为中国美术家协会会员。

调入大连美协担任组织工作，任副秘书长，主持大连美协工作二十二年，实施重点工程战略，创作繁荣，群峰崛起，大连成为全国四大水彩创作中心城市之一。

主办中国著名画家吴山明、周韶华、刘秉江、黄阿忠、王西京、张世彦等人的画展。

主办中国著名画家吴冠中、吴山明、陈逸飞、刘秉江、刘国松、周韶华、关维兴、俞晓夫、黄阿忠、王西京、张世彦等人的学术报告会或画展。

主办台湾著名画家刘国松、陈正雄学术报告会，主办美国著名画家罗伯·俄尔多学术报告会。

1992年　参加第三届全国年画创研班，师从冯真、沈家琳教授。

年画《幸福赛》获第五届全国年画评奖一等奖。

1994年　油画《绿的萌动》参加第八届全国美展。

1995年　水彩画《月儿朦胧》参加杭州中国水彩画大展。

水彩画《秋日无声》参加中国首届水彩画艺术展。

1996年　任大连市美术家协会副主席兼秘书长。

水彩画《今宵》获东北三省水彩画联展金奖。

1997年　晋升为国家一级美术师。

《情愫》《国色》《温馨的土地》参加第十二届中国新人新作展。

《情愫》由文化部中国对外展览公司推选出国展览。

《中国当代美术家精品集·高志华专辑》出版。

应邀赴韩国出席国际邀请展及百济文化祭。

1998年　获大连市政府文艺最高奖"金苹果"奖。

被授予国家有突出贡献专家称号，享受国务院特殊津贴。

水彩画《晓露》参加第四届全国水彩粉画展。

1999年　获辽宁省德艺双馨文艺家称号。

水彩画《今宵》参加第九届全国美展。

编著《大连美术家作品集》，由中国文联出版社出版。

水彩画、年画四幅入编《中国现代美术全集》。

2000年　策划创办大连国际艺术博览会，成为全国四大艺博会之一。

水彩画《国色》参加第五届全国水彩粉画展。

2001年　筹办首届中国水彩人物画展，任评委。《黑土故事》作为评委作品展出。

2002年　策划举办国际中国画邀请展及学术研讨会。

主办中国著名粉画家杭鸣时学术研究班。

策划举办中国当代著名水彩画家精品展及学术研讨

会，六幅作品参加全国水彩画名家邀请展。

国画《秋阳》《馨芳》参加国际中国画邀请展。

水彩画《黑土故事》获第六届全国水彩粉画展优秀奖。

2003年　水彩画《惠风和畅》获第三届中国美术金彩奖优秀奖。

水彩画《秋韵》获首届全国小幅水彩画展优秀奖。

粉画《酸辣香甜》参加首届全国粉画展，被收藏。

国画《馨》参加第二届全国中国画展，被收藏。

水彩画《金风》入选国际现代水彩画精品展。

2004年　水彩画《晨风》参加第十届全国美术作品展。

《金风》获中国水彩画出国展铜奖，《天香》获优秀奖。

2005年　应邀参加黄山中国美术论坛暨中国水彩百年研讨会，论文《建立自我 走出"殖民"》入编研讨会文集。

水彩画《馨梦之二》参加第七届全国水彩粉画展。

2006年　水彩画《黑土故事》参加中国百年水彩画展。

赴西藏、四川采风写生。

任辽宁省水彩画会副会长。

2007年　任大连市美术家协会主席。

策划第八届全国水彩粉画展，任秘书长、评委。

粉画《秋赋》作为评委作品参加第八届全国水彩粉画展。

2008年　参加北京奥运会火炬传递，任大连第二十七号火炬手。

国画《馨芳》参加国际奥委会美术大展，由奥组委收藏。

赴俄罗斯考察、采风写生。

参加"在风景中行走——中国水彩名家写生作品展",在婺源采风写生。

2009年　粉画《收牛毛的季节》参加第十一届全国美展,又被选调参加"灵感高原——中国美术精品展",刊登在《美术》首期封二。

水彩画《馨梦之一》及个人传记入编《中国水彩画史》。

2010年　任辽宁省美术家协会副主席、水彩画艺委会常务副主任。

粉画《和风》获第九届全国水彩粉画展优秀奖。

水彩画《雪域人家》参加上海国际水彩画双年展。

赴云南、贵州采风写生。

2011年　粉画《和风》被选调参加庆祝建党九十周年全国美展。

水彩画《晚风》参加第二届全国小幅水彩画展。

粉画《飘浮的云》参加第二届全国粉画展。

赴法国、意大利、瑞士考察、采风写生。

2012年　粉画《飘浮的云》被选调参加全国纪念毛泽东同志《在延安文艺座谈会上的讲话》发表七十周年美展,作为特邀作品参加辽宁省美术晋京展。

2013年　任第四届中国美术家协会水彩画艺委会委员。

《灵韵华彩——中国当代水彩名家高志华作品》出版。

举办个人画展,首展设在故乡盖州。

2014年　粉画《和风》被选调北京参加"多彩贵州——中国美术作品展"。

2015年　出任首届全国水粉画展评委。

《细雨中的教堂》被特邀入选"百年华彩——中国水彩艺术研究展"。

《贡嘎春歌》《双桥沟盛秋》应邀参加"墨彩情致——全国当代水彩画名家作品展"。

11月在大连中山美术馆举办"游走的风景——高志华写生作品展"。